LE PETIT
BOB

Données de catalogage avant publication (Canada)
Brisebois, Robert, 1933-
    Le petit Bob
    ISBN 2-7604-0852-3
    1. Histoire - Citations, maximes, etc. - Dictionnaires français. 2. Histoire -
Anecdotes - Dictionnaires français. 3. Citations françaises - Dictionnaires. I. Titre.
D9.B78 2002   903   C2002-940158-5

Les Éditions internationales Alain Stanké remercient le
Conseil des Arts du Canada et la Société de développement des entreprises culturelles (SODEC) de l'aide
apportée à leur programme de publication.
Nous reconnaissons l'aide financière du gouvernement du Canada par l'entremise
du Programme d'aide au développement de l'industrie de l'édition (PADIÉ) pour nos
activités d'édition.

Les Éditions internationales Alain Stanké
615, boul. René-Lévesque Ouest, bureau 1100
Montréal (Québec) H3B 1P5
Téléphone: (514) 396-5151
Télécopieur: (514) 396-0440
edition@stanke.com

Stanké international
25, rue du Louvre
75001 Paris
Tél.: 01.40.26.33.60
Téléc.: 01.40.26.33.60
www.stanke.com

IMPRIMÉ AU QUÉBEC (Canada)

Diffusion au Canada: Québec-Livres
Diffusion hors Canada: Inter Forum

Robert Brisebois

LE PETIT

BOB

Dictionnaire des ripostes assassines à travers l'histoire

Stanké
QUEBECOR MEDIA

Introduction

Et vlan!

Une riposte bien servie, souvent inattendue et toujours percutante, est plus qu'un simple mot d'esprit, plus qu'une savante maxime, c'est de l'insolence primesautière, parfois distinguée et ordinairement brillante. Contrairement aux répliques de théâtre ou aux dialogues de films, qui sont discutés, mitonnés dans des ateliers d'écritures professionnelles, la répartie anecdotique est le résultat d'une géniale spontanéité. La riposte, c'est une détonation de l'esprit à l'état pur.

L'échange de bons mots se rapproche, dans une parenté d'insolence, à l'anecdote croustillante qui embellit l'histoire. À l'instar de l'anecdote, la répartie révèle des instants pittoresques dont le récit éclaire le dessous des choses et la psychologie des acteurs. Ces petits bijoux de l'esprit valent bien quelquefois les grandes fièvres des passions évanescentes. La répartie? Une sentence qui tombe dru, foudroie comme une torgnole et laisse la victime pantoise comme une potiche. C'est l'élégance morale de l'esprit.

À chaque riposte spirituelle que tu profères, compte au moins dix ennemis. Mais l'artiste de l'insolence verbale a jugé que se faire des amis est une occupation de paysans, tandis que se faire des ennemis est une occupation d'aristocrates. On sait que George Bernard Shaw n'avait pas d'ennemis, mais que ses amis le détestaient. Et quand il invite Winston Churchill à assister à une de ses pièces, il écrit: «*Je vous envoie deux billets pour la première de ma pièce. Pour vous et un ami, si tant est que vous en ayez un.*» Et Churchill répondit: «*Impossible d'assister à la première, je serai sûrement à la seconde représentation, si tant est qu'il y en ait une.*» Il existe donc une véritable aristocratie de la riposte.

Sophie Arnould, cantatrice et amie des philosophes du XVIIIe siècle, n'était sans doute pas une aristocrate, mais ses saillies avaient du sang bleu qui a fait rougir bien du beau monde. Lorsque Sophie croise une rivale qui porte au cou une rivière de diamants qui descend jusqu'au bas de la ceinture, une amie lui fait remarquer que ce collier est un cadeau qu'un des nombreux amants de la belle vient de lui offrir. Sophie répliqua: «*C'est évident que cette rivière retourne à sa source.*»

Même si ce florilège est largement influencé par l'esprit français, il ne néglige pas pour autant les ripostes concoctées dans d'autres cultures et d'autres langues, notamment chez les British et les Yankees.

Sans oublier, bien sûr, la riposte gestuelle, appuyée ou non par les mots. Au cours d'un dîner en l'honneur des représentants des pays du Commonwealth, le chef du protocole vint informer Churchill qu'un des invités avait glissé dans sa poche une salière en argent. Aussitôt,

Churchill s'empara de la poivrière assortie et la mit dans sa poche. À la fin du repas, il s'approcha de l'invité fautif et lui glissa à l'oreille sur un ton complice en lui montrant l'objet volé: «*Je crois, mon ami, que nous avons été pris en flagrant délit. Peut-être vaudrait-il mieux remettre ces objets à leur place.*» Le geste précédait la riposte.

Dans la traditionnelle Albion, la bestiole du *curmudgeon* pique tout ce qui bouge lorsque l'occasion se présente de décocher une urticante *repartee*. L'origine du mot curmudgeon (grincheux) est obscure. Il viendrait d'un vieux mot écossait pour *grumble* (ronchonnement ou ronchonner). Mais ce qui est encore plus intéressant c'est que l'origine de ce mot viendrait plutôt d'une contraction de l'expression française «cœur méchant». On n'y échappe pas. L'esprit français est incontournable, surtout lorsqu'il s'agit de donner la réplique.

Citer une riposte qui marque des points, c'est la ressus… citer. Et comprendre, disait Michel-Ange, c'est égaler. Égaler Talleyrand, Dumas, Shaw ou Churchill, voilà qui n'est pas négligeable…

Il n'y a aucune raison pour qu'une répartie spirituelle ne soit appréciée plus d'une fois. Imaginons le genre de musique que nous serions obligés d'écouter si, par exemple, les chefs d'orchestre refusaient de diriger la Cinquième Symphonie de Beethoven sous prétexte que l'audience l'a déjà entendue.

«Chacun de nous a son bréviaire personnel, disait Sacha Guitry. Pensées, maximes, réflexions qui nous reviennent en mémoire, à certaines heures, dans bien des circonstances, et qui nous aident à mieux comprendre, à tolérer parfois, ce qui nous semblerait sans elles insupportable. Nous les citons à haute voix, quand il le faut, comme autant de preuves à l'appui, sans jamais négliger d'en citer les auteurs que de la sorte nous appelons à la rescousse.»

Enfin Guitry, que nous appelons à notre secours, définit en quelques lignes ce qu'il entend par pensées, réflexions et réparties:

> *Éclairs de génie*
>
> *Avis judicieux résumés en deux lignes*
>
> *Opinions provisoires et cependant formelles*
>
> *Cris du cœur où le cœur ne joue pas un grand rôle*
>
> *Expressions heureuses*
>
> *Éloquence d'un mot qu'on prend à double sens*
>
> *Cruauté, gentillesse, aveux encourageants*
>
> *D'autre part, hypothèse, incertitudes séduisantes, et paradoxes aussi.*
>
> *Combien je vous préfère à tant d'in-folio indigestes et souvent mensongers. (...)*

La riposte, elle, ne ment jamais.

Robert (Bob) BRISEBOIS

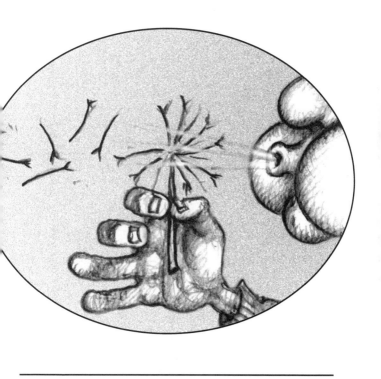

ACHARD, Marcel (1899-1974)

Un jour, au cours d'une conversation avec l'auteur français Marcel Achard, une dame s'en prit aux préjugés que nourrissent certains hommes à l'égard des femmes:

— C'est agaçant à la fin! dit la dame. Tous ces hommes qui disent que la femme n'a pas la bosse des mathématiques…

— Au contraire! répliqua Achard. Je trouve que la femme a la passion du calcul. Elle divise son âge par deux, double le prix de ses robes, triple les appointements de son mari et ajoute toujours cinq ans à l'âge de sa meilleure amie.

L'écrivain Marcel Achard était reconnu pour son humour caustique. Un ami, un jour, le lui reprocha:

— Je trouve que votre humour est souvent très méchant.

— L'humour, répliqua Achard, c'est de savoir que tout, absolument tout, est drôle… dès l'instant où cela arrive aux autres.

Marcel Achard fut affligé un jour d'une bonne aux mains malheureuses qui cassait tout dans la maison.

— Ma pauvre fille, lui dit Achard, c'est un désastre! Vous ne gagnez pas assez pour payer tous les dégâts que vous causez en un mois…

La servante lui répondit:

— Si monsieur voulait m'augmenter en conséquence, ça pourrait s'arranger…

ADAMS, Franklin (1881-1960)

*Franklin Adams, journaliste et écrivain améri-
cain, demanda un jour à sa bonne amie Béatrice
Kaufman:*

— Pouvez-vous deviner de qui est-ce aujour-
d'hui l'anniversaire?

Elle répondit:

— Attendez un peu... mais c'est votre anniversaire?

Et Adams répondit:

— Mais vous êtes venue bien près de deviner
juste... C'est l'anniversaire de Shakespeare.

ADE, George (1866-1944)

George Ade, humoriste et écrivain américain, venait de prononcer une courte allocution humoristique au cours d'un déjeuner qui regroupait des écrivains et des professionnels. Tout à coup, il aperçut un jeune avocat au milieu de la salle, debout, les deux mains plongées au fond de ses poches. L'avocat demanda la parole et déclara pour se moquer un peu de Ade:

— Est-ce que l'assistance réalise combien il est inhabituel qu'un humoriste professionnel soit drôle!

Lorsque les rires de la salle cessèrent, George Ade ajouta:

— Est-ce que l'assistance réalise combien il est inhabituel qu'un avocat mette les mains dans ses propres poches!

ADLER, Herman (1839-1911)

Le docteur Herman Adler, grand rabbin de Londres à la fin du siècle dernier, se trouvait un jour aux côtés du cardinal Vaughan au cours d'un dîner d'État. Sachant très bien que sa religion interdisait au docteur Adler de manger de la viande de porc, le Cardinal voulut se moquer du rabbin et lui lança:

— Quand, docteur Adler, aurais-je le plaisir de partager avec vous un morceau de jambon?

Et le rabbin répliqua:

— À votre mariage, Éminence!

ALEXANDRA, reine d'Angleterre (1844-1925)

La reine Alexandra, épouse du roi d'Angleterre Édouard VII, ferma toujours les yeux sur les infidélités et les célèbres escapades nocturnes du roi.

Quand le roi mourut, le 10 mai 1910, elle déclara à Lord Esher:

— Enfin, je saurai à l'avenir où il passe ses nuits.

ALEXANDRE 1er Pavlovitch
(1777-1825)

Le tsar Alexandre 1er, empereur de Russie, accéda au trône à la suite de l'assassinat de son père, le tsar Paul 1er. Son grand-père, Pierre III devait, du reste, subir le même sort quelques années plus tôt. Alexandre 1er était au centre de cette vaste conspiration menée par un groupe d'aristocrates. La complicité d'Alexandre 1er se confirmait par le traitement de faveur qu'il réservait aux conspirateurs.

Un espion français, chargé de faire rapport à Fouché de la situation qui prévalait à Saint-Pétersbourg, résuma la situation en ces termes:

— Le jeune empereur se déplace, précédé des assassins de son grand-père et suivi des meurtriers de son père... Bref, on peut dire qu'il est bien entouré de ses amis.

ALI, Muhammad (1942-)

Les vantardises de Muhammad Ali, ex-Cassius Clay, champion mondial des poids lourds à la boxe, qui répétait sans cesse qu'il était «le plus grand» et «le meilleur», finissaient par agacer ses amis. Un jour, un collègue lui demanda comment il s'en tirait au golf.

— Je suis le plus grand, je suis le meilleur, répliqua Ali... la seule différence avec les autres champions, c'est que moi je n'ai pas encore commencé à jouer.

Le boxeur Muhammad Ali se trouvait un jour à bord d'un vol en partance pour New York. Juste avant le décollage, l'hôtesse de l'air lui rappelle de bien vouloir attacher sa ceinture.

— Superman n'a pas besoin d'attacher sa ceinture quand il voyage, répliqua le boxeur fort en gueule.

— Je vous ferai remarquer, ajouta l'hôtesse, que Superman, lui, n'a pas besoin non plus d'avion quand il voyage…

(Mouché, Ali attacha sa ceinture sans dire un mot.)

><

Au cours d'une réception, le célèbre violoniste Isaac Stern fut présenté à Muhammad Ali, qui n'avait aucun complexe devant les célébrités non pugilistiques.

— On peut dire que nous sommes dans le même domaine, souligna le violoniste. Tous les deux, nous gagnons notre vie avec nos mains…

— Vous devez être drôlement bon, répliqua Ali. Vous n'avez pas une seule cicatrice dans la figure!

A

ALLAIS, Alphonse (1854-1905)

Invité à prononcer une conférence sur le théâtre, Alphonse Allais, humoriste et écrivain français, aborda son sujet en ces termes:

— J'ai été invité à vous faire une conférence sur le théâtre. J'ai bien peur de vous décevoir. Shakespeare est mort, Molière est mort, Racine est mort... et je vous avoue, je ne me sens pas très bien moi-même.

Un jour, un collectionneur cassait les pieds d'Alphonse Allais, et n'en finissait plus de vanter les pièces de sa collection.

— C'est une collection unique, dit-il.

— Peuh! Vous n'avez jamais une collection comparable à la mienne, dit Allais. Je possède le crâne de Voltaire enfant, un fragment authentique de la fausse croix de Jésus-Christ, une tasse avec l'anse à gauche fabriquée spécialement pour un empereur chinois de l'époque Ming, qui était gaucher...

ALLEN, Woody (1935-   )

Un jour, au cours d'une émission de télévision, l'animateur voulut savoir du comédien américain Woody Allen s'il croyait à une autre vie après la mort.

— Quelle est votre idée sur la réincarnation, lui demanda-t-il?

— Étant libre-penseur, répondit Woody Allen, je ne crois pas à la vie future. Mais à tout hasard, quand je mourrai, j'emporterai des vêtements de rechange.

ANNE, princesse d'Angleterre
(1950-)

Un quidam croisa la princesse Anne d'Angleterre, mais sans la reconnaître. Il voulut se montrer gentil et lui dit:

— Est-ce qu'on vous a déjà dit que vous ressembliez à la princesse Anne?

— Je crois que je suis plus jolie, répondit la princesse.

ARÈNE, Paul (1843-1896)

Le patriotisme du poète Paul Déroulède était indéfectible. Alors qu'il discutait avec Paul Arène, il proclama haut et fort son ardeur patriotique

— Je suis un convaincu!

— Ne vous en faites pas, vous prendrez votre revanche… répliqua Arène.

ARGENSON, Marc-Pierre, comte d' (1696-1764)

Le comte d'Argenson, ministre français de la Police s'en prit, un jour, à l'abbé Desfontaines, écrivain besogneux et auteur de libelles anonymes.

— Je n'ai qu'un mot à vous dire, monsieur l'abbé: vos écrits sont ignobles...

— Il faut bien que je vive... répliqua l'abbé.

— Moi, je n'en vois pas la nécessité, ajouta d'Argenson.

ARNOULD, Sophie (1740-1802)

Sophie Arnould, comédienne et cantatrice française du XVIIIe siècle, reçut un jour les confidences d'une camarade de l'Opéra.

— Monsieur de Boufflers est bien mal élevé!

— Il ne t'aime plus? demanda Sophie Arnould.

— Nous avons eu des mots l'autre nuit... et j'ose à peine le dire... il m'a traitée de catin!

— Que veux-tu, ma chère, soupira Sophie Arnould, les gens sont si grossiers, aujourd'hui, qu'ils appellent toutes choses par leur nom!

Le petit monde de l'Opéra de Paris apprit avec stupéfaction qu'une comédienne aux mœurs plutôt légères venait d'entrer en religion. Quelqu'un apprit la nouvelle à Sophie Arnould.

— Tu sais que la Lussy est entrée au couvent?

— Tiens! répliqua Arnould. Quelqu'un a dû lui dire que Jésus-Christ s'était fait homme…

Mademoiselle Beaumenard, mondaine du XVIIIe siècle, épousa après une vie bien mouvementée, le comédien Bellecour.

— Elle aimait de tous les côtés. Une véritable girouette, remarqua une de ses amies.

— Et comme une girouette, quand elle est rouillée, elle se fixe... ajouta Sophie Arnould.

Une ballerine de petite vertu, mademoiselle Allard, s'était fait peindre en costume d'Ève, exhibant tous ses charmes. Devant ce tableau, un ami de la danseuse s'étonne:

— Ce n'est ni son nez, ni ses yeux... Elle a le menton moins fort, la bouche plus petite, le front moins large, les cheveux plantés plus bas...

— Quelle importance cela a-t-il, répliqua Sophie Arnould. Mademoiselle Allard serait sans tête que tout Paris la reconnaîtrait encore!

Une actrice française donnait naissance à un enfant régulièrement chaque année, avec toutes

les conséquences que cela comportait pour sa carrière. Une amie fit cette remarque à Sophie Arnould, chanteuse d'opéra:

— Pauvre fille! Elle manque à ses engagements au théâtre et ses amants la quittent…

— Elle me rappelle ces nations, répliqua Sophie Arnould, qui étendent leurs frontières, mais qui sont incapables de garder leurs conquêtes.

Une actrice française exhibait une magnifique rivière de diamants que venait de lui offrir un de ses amants. Le collier était si long qu'il descendait jusqu'au bas de la ceinture. Une dame fit cette remarque:

— Vous avez vu la longueur de cette rivière de diamants!

— On dirait, répliqua mademoiselle Arnould, qu'elle retourne à sa source…

À l'issue d'une représentation à l'Opéra de Paris de la cantatrice Jeanne Lenoble, grande rivale de Sophie Arnould, une amie de celle-ci commit

*l'imprudence de demander l'avis de mademoi-
selle Arnould:*

— Quelle cantatrice! Comment avez-vous aimé
sa prestation, ce soir?

— Madame Lenoble, répliqua Sophie Arnould,
non seulement chante faux, mais elle joue
faux. En définitive, elle n'a de naturel que
ses enfants.

*Sophie Arnould n'était pas tendre pour ses col-
lègues; et en particulier à l'endroit de Jeanne
Lenoble, précédemment citée. Quelqu'un lui
demanda, un jour:*

— Dites-moi, cette chère Jeanne Lenoble, quel
âge a-t-elle maintenant?

— Vingt-huit ans, répondit Arnould. C'est du
moins ce que j'entends dire depuis des
années.

*La Guimard, danseuse à l'Opéra de Paris au
XVIIIe siècle, était jolie mais très très maigre.*

Un jour, quelqu'un annonça à Sophie Arnould que deux danseurs de l'Opéra étaient follement amoureux de la Guimard.

— Je sais, dit-elle, chaque fois je crois voir deux chiens se disputer un os!

Sophie Arnould était très belle et avait beaucoup de succès auprès des hommes. Son premier soupirant fut un vieux barbon de près de 80 ans. Il lui demanda sa main, offrant à la jeune fille 40 000 écus de rente. Sophie refusa.

— Comment, lui dit sa mère, tu ne sais donc pas ce que c'est que 40 000 écus, mon enfant!

— Non, mais je sais ce que c'est que 80 ans!

A

ARSENAULT, Bona (1903-1993)

Dans le Québec des années soixante, Bona Arsenault, ministre dans le cabinet Lesage, rencontra un jour un groupe de ses électeurs venus lui demander de «régler leurs problèmes». Sans rire, sans broncher et sur le ton le plus sérieux du monde, Bona leur déclara:

— Écoutez-moi. Vous voulez que je règle vos problèmes. Soit! Je vais vous les régler tous, dès demain. Mais à une condition toutefois: c'est que vous me promettiez de ne pas venir me voir après demain avec de nouveaux problèmes. Mais ça, vous ne pouvez pas me le promettre. Alors, gardez donc vos vieux problèmes, vous les connaissez, vous êtes habitués de vivre avec. Croyez-moi, de nouveaux problèmes ne feraient que vous causer des ennuis énormes...

ASTOR, John Jacob (1763-1848)

Un jour, John Jacob Astor, le célèbre financier américain, vendit huit mille dollars un terrain près de Wall Street. L'acheteur, qui croyait avoir fait une bonne affaire, se félicita de montrer plus de ruse que le célèbre financier.

— Dans quelques années, ce terrain vaudra au moins douze mille dollars, se vanta l'acheteur.

— C'est vrai! répondit Astor. Mais avec vos huit mille dollars, je vais acheter quatre-vingt terrains près de Canal Street, et quand votre terrain ne vaudra que douze mille dollars, mes quatre-vingt terrains vaudront alors quatre-vingt mille dollars.

A

ASTOR, Nancy (1879-1964)

L'antagonisme mâle à l'endroit de Nancy Astor, la première femme à occuper un siège à la Chambre des communes à Londres, se manifesta à plusieurs occasions. Winston Churchill manqua plusieurs fois de courtoisie à son égard. Un jour, Churchill chercha à s'excuser:

— Votre intrusion dans cette Chambre dominée par des hommes est vraiment embarrassante... aussi embarrassante que si vous faisiez irruption dans ma salle de bain alors que je suis complètement nu... et que je n'ai rien sous la main pour me couvrir!

— Franchement, Winston, répliqua Lady Astor, vous ne devriez pas vous en faire pour une si petite chose...

AUBER, Daniel (1782-1871)

Le compositeur français et maître de chapelle de Napoléon III, Daniel Auber, refusait d'envisager la mort et ne semblait pas se soucier beaucoup de cette éventualité. Mais une fois qu'il fut avancé en âge, il changea d'idée. Un jour qu'il assistait à des funérailles, il s'esquiva en douce avant la fin. Un ami lui glissa à l'oreille:

— Où vas-tu comme ça? La cérémonie ne fait que commencer…

— Tu sais, dit Auber, je crois que c'est la dernière fois que je prends part à une telle cérémonie en amateur.

Daniel Auber prenait le thé un jour en compagnie du prince Metternich, qui fumait sans arrêt le cigare. Remarquant qu'il n'y avait pas de cendriers, le Prince demanda s'il pouvait déposer sa cendre dans la soucoupe de son hôte.

— Bien sûr, lui dit Auber, qui fabriqua sur-le-champ un calembour, mais je vous ferai remarquer que j'aime mon thé mieux que des cendres…

AUMALE, Eugène Philippe, Louis d'Orléans, duc d' (1822-1897)

Le duc d'Aumale, le fils du roi Louis-Philippe, était renommé dans sa jeunesse pour ses aventures amoureuses. Mais avec l'âge, il se résigna à accepter une continence forcée:

— Quand j'étais jeune, disait-il, j'avais quatre membres souples et un membre rigide. Maintenant j'en ai quatre rigides et un souple.

AYMÉ, Marcel (1902-1967)

Un fat personnage, qui avait quand même réussi dans la vie, fit à l'auteur Marcel Aymé cette confidence qui en disait long sur son discernement:

— Moi, je me suis fait tout seul.

— Ah! Vous déchargez Dieu d'une bien grave responsabilité, répliqua Aymé.

BALBO, Italo (1896-1940)

Les acrobates aériens d'Italo Balbo donnèrent une performance époustouflante, à Paris. Leur habileté dépassait leur audace. Un spectateur dit à Balbo, après le spectacle:

— Vos aviateurs sont merveilleux. Vous les avez bien entraînés.

— Vous savez, monsieur, répondit le maréchal italien, les médiocres s'éliminent d'eux-mêmes…

BALZAC, Honoré de (1799-1850)

Une nuit, un cambrioleur s'introduit dans la chambre du grand écrivain français Honoré de Balzac. Alors que le voleur s'apprête à vider de son contenu le tiroir d'un bureau, il entend le rire moqueur de Balzac qui le surveille.

— Pourquoi riez-vous, demande le cambrioleur?

— Je pense aux risques que vous prenez à essayer de trouver de l'argent dans ce bureau en pleine nuit alors que le propriétaire et les huissiers sont incapables d'en trouver en plein jour.

Honoré de Balzac eut une liaison avec la baronne Evelina Hanska qui dura plus de dix-sept ans. Même après la mort du baron, le couple attendit plusieurs années avant de se marier. Un jour, un ami demanda à Balzac:

— Et ce mariage avec la baronne... c'est pour bientôt?

— Tu sais, c'est plus facile d'être un amant que d'être un mari, dit Balzac, pour la même raison qu'il est plus difficile d'avoir de l'esprit tous les jours que de faire un bon mot de temps en temps.

BANKHEAD, Tallulah (1903-1968)

Au cours d'une réception, Tallulah Bankhead, une actrice américaine renommée pour son style de vie excentrique, eut une dispute avec l'écrivain de romans noirs américains Dashiell Hammett à propos des dangers que l'actrice courait si elle continuait à consommer régulièrement de la cocaïne.

— Tu ne sais pas de quoi tu parles, dit Miss Bankhead. Je te dis que la cocaïne ne crée pas d'habitude. Et je sais de quoi je parle. J'en prends depuis des années!

BARBIROLLI, sir John (1899-1970)

À l'époque où sir John Barbirolli dirigeait l'orchestre Halle de Manchester, en Angleterre, un musicien de l'orchestre eut une aventure avec une chanteuse.

L'épouse du musicien se présenta chez sir Barbirolli pour solliciter son aide afin que cesse cette liaison. Après avoir écouté les supplications de l'épouse, sir John chercha à la réconforter en lui disant:

— Vous ne devriez pas vous inquiéter... croyez-moi... il n'a jamais aussi bien joué qu'en ce moment.

BARRYMORE, Ethel (1879-1959)

Un jour, à Hollywood, la grande actrice américaine Ethel Barrymore se reposait dans sa loge. Elle avait à l'époque plus de soixante-dix ans. Un messager du studio frappa à la porte et lui dit:

— Miss Barrymore, il y a un couple à la réception qui voudrait vous rencontrer. Les deux disent qu'ils sont allés à l'école avec vous. Qu'est-ce que je fais?

— Eh bien! dit l'actrice, prenez des chaises roulantes et poussez-les jusqu'ici.

Ethel Barrymore avait de belles manières et s'attendait à ce que les autres la traitent avec courtoisie. Un jour, elle invita une jeune actrice à dîner chez elle; non seulement l'invitée ne se présenta pas, mais elle ne prit même pas la peine de s'excuser. Quelques jours plus tard, Miss Barrymore rencontra la jeune actrice en question qui lui dit sur un ton hautain:

— Si je ne me trompe pas, vous m'avez invitée à dîner chez vous l'autre jour?

— Ah oui? demanda Miss Barrymore... Et est-ce que vous êtes venue?

BARRYMORE, John (1882-1942)

John Barrymore, célèbre acteur américain, s'apprêtait à quitter le cimetière où il venait d'assister à l'inhumation d'une connaissance lorsqu'il aperçut une vieille dame, frêle et tremblante, penchée au-dessus de la tombe. Il s'approcha et dit doucement à l'oreille de cette personne:

— Je vous comprends! Combien cela doit vous coûter d'être obligée de retourner à la maison…

Dans sa jeunesse, John Barrymore était renommé pour sa paresse et ses excès de boisson. Après une nuit de beuverie, en 1906, il s'endormit sur un divan... Et même le grand tremblement de terre de San Francisco ne parvint pas à le réveiller! Le lendemain matin, on le retrouva dans les débris et c'est l'armée américaine qui dut l'aider à quitter les lieux. Ce qui fit dire à son oncle:

— C'est bien John! Il faut une calamité de la nature pour le sortir du lit... et l'armée américaine pour le conduire à son travail!

BARRYMORE, Lionel (1878-1954)

Au moment de mettre en terre l'acteur américain Maurice Barrymore, les courroies qui soutenaient le cercueil s'entremêlèrent. Une fois au fond de la tombe, le cercueil dut être remonté à la surface afin de démêler les courroies qui refusaient de remonter. Lorsqu'il réapparut, son fils Lionel ne pût s'empêcher de faire le commentaire suivant:

— Tiens! c'est bien lui... il ne peut pas partir sans donner un rappel.

BEAVERBROOK, William Maxwell Aitken (1879-1964)

Lord Beaverbrook, le magnat de la presse bri-
tannique, rencontra un jour dans les toilettes
d'un club privé de Londres Edward Heath,
membre de la Chambre des communes que Bea-
verbrook avait insulté, quelques jours plus tôt,
dans un éditorial du Daily Express.

— Mon bon ami, dit Beaverbrook d'un ton embarrassé, j'ai pensé à ce que j'ai écrit l'autre jour. J'étais nettement dans l'erreur. Je vous présente mes excuses.

— Très bien, répondit Heath, mais la prochaine fois j'aimerais mieux que vous m'insultiez dans les toilettes et que vous vous excusiez dans votre journal.

BEECHAM, sir Thomas (1879-1961)

Quelqu'un demanda à sir Thomas Beecham, chef d'orchestre et imprésario britannique, pourquoi il choisissait toujours des femmes corpulentes pour jouer des rôles de soprano plutôt que des artistes plus minces et plus attrayantes.

— Malheureusement, répondit Beecham, les sopranos qui chantent comme des oiseaux mangent comme des chevaux – et vice-versa!

Au cours des répétitions, quelques musiciens s'étaient montrés incapables de suivre le rythme des autres membres de l'orchestre. Sir Thomas Beecham, qui dirigeait, s'adressa aux musiciens fautifs en ces termes:

— Écoutez, je sais qu'on ne peut pas vous demander d'être avec nous tout le temps, mais vous seriez bien gentils si vous pouviez, de temps à autre, prendre contact avec nous…

Sir Thomas Beecham ne prisait guère le son de la harpe. À un harpiste qui s'étonnait de ce parti pris, Beecham lui répondit:

— Je n'aime pas le son de la harpe... On dirait deux squelettes en train de faire l'amour sur un toit en tôle ondulée.

BEHAN, Brendan (1923-1964)

Lorsque quelqu'un demanda à Brendan Behan, dramaturge irlandais, ce qu'il pensait des critiques...

— Ils sont comme les eunuques d'un harem, répondit-il. Ils sont là tous les soirs, ils assistent à la chose tous les soirs, ils constatent comment la chose doit se faire, mais ils sont incapables de la faire eux-mêmes.

BERNARD, Tristan (1866-1947)

*Un collègue du dramaturge et écrivain fran-
çais, Tristan Bernard, se plaignait à ce dernier
d'être constamment trompé par sa femme.*

— Je crois, dit-il, que ma femme est trop jolie
  et qu'elle plaît trop aux hommes…

— Croyez-moi, mon ami, lui répliqua Bernard,
  il vaut mieux être plusieurs sur une bonne
  affaire que seul sur une mauvaise.

*Tristan Bernard accompagnait dans Paris un
écrivain connu mais totalement dépourvu de
modestie. Passant devant la plaque apposée
près de la porte de la maison où vécut Karl
Huysmans, auteur français contemporain de
Zola:*

— Après ma mort, je me demande bien ce
  qu'on écrira au-dessus de ma porte…
  demanda mi-sérieux l'écrivain.

— Appartement à louer! rétorqua Tristan Bernard.

Un jour, quelqu'un fit remarquer à Tristan Bernard:

— Savez-vous que Pascal combattait ses maux de tête avec des problèmes de géométrie.

— Moi, dit Tristan Bernard, je combattais la géométrie en feignant d'avoir des maux de tête!

Un auteur de boulevard s'excusait devant Tristan Bernard d'une pièce de qualité bien inférieure.

— J'aurais bien dû m'abstenir de signer cette pièce...

— Mais non, mais non, protesta Tristan Bernard. C'était charmant. Et puis, on vous aurait reconnu de toute façon...

Tristan Bernard remporta le premier prix pour avoir fourni la meilleure réponse à une question posée par un journal parisien:

— Si un incendie se déclarait au Louvre et que vous n'ayez le choix de sauver qu'une seule peinture, laquelle choisiriez-vous? demandait le journal.

Tristan Bernard répondit:

— Celle qui se trouve le plus près de la sortie!

Tristan Bernard était renommé pour sa générosité à l'égard des mendiants et des clochards. Ceux-ci le savaient et se postaient chaque jour près de sa maison. Un matin, Bernard déposa une liasse de billets dans le chapeau d'un clochard qui en resta éberlué:

— Nous partons demain pour la Normandie, ajouta Tristan Bernard. Voici une avance de deux mois. Toi aussi, mon brave homme, tu as droit à des vacances.

Un jeune dramaturge fit parvenir une pièce à Tristan Bernard afin d'avoir son avis au sujet du titre qu'il voulait donner à sa pièce. Tristan Bernard rencontra le jeune homme quelques jours plus tard, mais il n'avait pas pris le temps de lire la pièce.

— Est-ce qu'il y a des trompettes dans votre pièce? demanda Tristan Bernard.

— Non, lui répondit le jeune homme.

— Est-ce qu'il y a des tambours?

— Non plus.

— Alors, pourquoi ne pas l'intituler «Sans tambour ni trompette»?

B

BERNHARDT, Sarah (1844-1923)

Au cours d'une réception, quelqu'un s'avisa de souligner avec emphase la beauté de Julia Bartet, comédienne et grande rivale de la grande tragédienne française Sarah Bernhardt, surnommée «la Divine».

— D'abord, dit Sarah, cette Julia a une grande tache de vin sur la figure.

— Ah! protesta un ami, je crois que vous faites erreur…

— Bien sûr, on ne s'en aperçoit pas, ajouta Sarah, parce que c'est une tache de vin blanc... mais c'est tout de même une tache de vin!

Une jeune comédienne avoua à la grande tragédienne, Sarah Bernhardt:

— Avant de monter en scène, je n'ai jamais le trac.

— Vous aurez le trac quand vous commencerez à avoir du talent, répondit Sarah.

Vers la fin de sa vie, Sarah Bernhardt habitait au dernier étage d'un immeuble qui ne possédait pas d'ascenseur. Un jour, un vieil admirateur frappa à sa porte tout essoufflé:

— Dites-moi, madame, pourquoi habitez-vous si haut pour l'amour du ciel?

— Mon cher ami, répliqua Sarah, c'est le seul moyen qui me reste maintenant pour faire battre le cœur d'un homme.

Sarah Bernhardt apostropha un jour son ami et jeune collègue Sacha Guitry;

— Vous fumez trop, dit-elle, vous mourrez jeune!

Et Sacha Guitry lui répondit tout bonnement:

— Bah! mon père a soixante-deux ans et il fume toujours!

— Eh bien, s'il ne fumait pas, ajouta Sarah Bernhardt, il en aurait au moins quatre-vingt!

BING, sir Rudolf (1902-1997)

Les services secrets de la Maison-Blanche ne laissèrent rien au hasard pour assurer la sécurité du président Eisenhower qui devait assister, à Washington, à une représentation de La Bohème. Ils interrogèrent sir Rudolf Bing, directeur général du Metropolitan Opera.

— Nous avons été informés, dit un agent des services secrets, qu'il y a une fille qui meurt dans cet opéra. Comment est-elle assassinée?

— Elle meurt de tuberculose, dit Bing. Et si cela peut vous rassurer, ce n'est pas contagieux à distance.

BISMARCK, Otto Eduard Leopold
(1815-1898)

Lors d'un bal à Saint-Pétersbourg, une dame interpella l'homme d'État allemand Bismarck:

— Vous, les diplomates, dit-elle, il ne faut pas croire un mot de ce que vous dites…

— Que voulez-vous dire? demanda Bismarck.

— Quand un diplomate dit «oui», cela veut dire «peut-être»; quand il dit «peut-être», cela veut dire «non», et s'il dit «non»… ce n'est pas vraiment un diplomate…

— Vous avez raison, dit Bismarck. Mais avec une dame c'est exactement le contraire. Quand une dame dit «non», cela veut dire «peut-être»; quand elle dit «peut-être», cela veut dire «oui», et si elle dit «oui», ce n'est pas vraiment une dame…

Un ami présenta ses meilleurs vœux à Bismarck à l'occasion de son quatre-vingtième anniversaire de naissance et lui souhaita plusieurs années de bonheur. Bismarck le remercia en ajoutant:

— Mais vous savez, mon ami, dans la vie d'un homme, ce sont toujours les quatre-vingts premières années qui sont les plus heureuses.

BLAKE, Eubie (1883-1983)

Eubie Blake, pianiste de jazz et compositeur américain, avoua avoir commencé à fumer à l'âge de six ans et n'avoir jamais bu d'eau de sa vie. Le jour de son centième anniversaire, en février 1983, il déclara à un journaliste:

— Si j'avais su que j'allais vivre aussi long-temps, j'aurais fait plus attention à ma santé!

BLUMENTHAL, Oscar (1852-1917)

*Le critique de théâtre allemand Oscar Blumen-
thal discutait avec un confrère de la piètre qualité de la pièce de théâtre à laquelle ils venaient
d'assister.*

— Je suis vraiment étonné que le public n'ait
pas sifflé cette pièce.

— Comment veux-tu siffler et bâiller en même
temps? répondit Blumenthal.

BOILEAU, Nicolas (1636-1711)

Louis XIV montra des poèmes qu'il venait d'écrire au poète Boileau afin d'avoir l'avis de ce dernier. Boileau n'était pas seulement un grand poète, il était aussi un habile courtisan. Piégé par Louis XIV, Boileau lui répondit:

— Sire, rien n'est impossible à Votre Majesté. Votre Majesté a sans doute voulu écrire de mauvais vers, et Elle a réussi.

BONAPARTE, Napoléon (1769-1821)

Un officier prussien discutait un jour avec Bonaparte des motifs qui poussent les peuples à faire la guerre.

— Vous, les Français, vous vous battez uniquement pour l'argent, tandis que nous, les Prussiens, nous ne nous battons que pour la gloire.

— Vous avez bien raison, répliqua Bonaparte. Chacun se bat pour acquérir ce qui lui manque...

BOUFFLERS, Stanislas Jean
(1738-1815)

Même lorsqu'il était accompagné de son épouse, le maréchal français de Boufflers prenait un malin plaisir à étaler ses prouesses amoureuses.

— On peut dire, annonça-t-il devant un groupe d'amis, que j'en ai fait des cocus, dans Paris, ces derniers temps…

— Eh bien! répliqua son épouse, là-dessus tu me bats: moi, je n'en ai fait qu'un seul.

BRAHMS, Johannes (1833-1897)

Coincé par un groupe de dames plutôt bavardes, le compositeur allemand Johannes Brahms chercha à se libérer en allumant un gros cigare. Perdue dans des volutes de fumée, une dame apostropha le musicien:

— Un gentleman ne fume pas en présence des dames.

— Madame, dit Brahms, là où il y a des anges, il doit aussi y avoir des nuages.

Après avoir dirigé son concerto pour deux pianos, Johannes Brahms assistait, à Berlin, à un dîner organisé en son honneur. L'hôte du dîner se leva et proposa un toast...

— Au plus grand des compositeurs...

Brahms prévoyant qu'il serait question de lui se leva brusquement et ajouta:

— Bonne idée! Levons nos verres à Mozart!

Johannes Brahms abusait souvent de la bonne chère et son médecin lui prescrivit un régime sévère.

— Mais je ne peux pas me mettre à la diète, je dîne ce soir chez Strauss et il y a du poulet au paprika… protesta Brahms.

— Il est hors de question que vous alliez à ce dîner, répliqua le médecin.

— Bon, ajouta Brahms, disons que je ne vous ai pas consulté avant demain.

BRASSEUR, Pierre (1905-1972)

Au début de sa carrière, Pierre Brasseur se vit confier des rôles pas toujours à sa hauteur. Il lui arriva même de jouer dans de véritables fours qu'il n'arrivait pas à sauver malgré son grand talent. Un jour, un auteur voulut le rendre responsable de l'échec de sa pièce:

— Vous, si drôle, si brillant dans la vie, comment pouvez-vous être si insipide dans ma pièce?

— C'est que, dans la vie, le texte est de moi, répliqua Brasseur.

BRIGHT, John (1811-1889)

John Bright, politicien anglais du XIXe siècle, se trouvait un jour dans la rue, au milieu d'une foule de curieux qui observait passivement un homme qui venait de subir un accident. Bright enleva son chapeau, y déposa 10 livres sterling et lança à la foule:

— Moi, ma compassion s'élève à 10 livres sterling…. Combien vaut la vôtre? dit-il en tendant son chapeau.

BRILLAT-SAVARIN, Anthelme
(1755-1826)

Une dame demanda, un jour, au célèbre gastro-nome français, Brillat-Savarin:

— Dites-moi, que préférez-vous, un vin de Bordeaux ou un vin de Bourgogne?

— Voilà, madame, une question pour laquelle j'éprouve tellement de plaisir à scruter, que je reporte semaine après semaine le prononcé du verdict.

BRISEBOIS, Hugo (1963-)

À la fin de ses études à l'Institut de Police, le jeune cadet Hugo Brisebois revient chez lui et son père lui demande:

— Et puis, qu'est-ce qu'on t'a enseigné d'utile à l'Institut?

— Une seule chose: Quand ça tire, tu cours; quand ça court, tu tires!

BROHAN, Augustine (1824-1893)

*Un jour, dans un salon, un prétentieux person-
nage étalait les prouesses amoureuses devant
l'actrice française Augustine Brohan.*

— Vous savez, moi, les femmes m'ont toujours
réussi.

— Oui, à l'exception de votre mère, riposta
l'actrice.

*Un chevalier servant du XIXᵉ siècle poursuivait
de ses avances Augustine Brohan. Ne sachant
plus quoi dire pour obtenir les faveurs de la
comédienne, il lui demanda, enfin:*

— Vous n'allez pas me refuser l'aumône d'un
peu d'amour?

— Pardonnez-moi, monsieur, mais j'ai mes
pauvres, lui répliqua la Brohan.

*Une jeune comédienne de mœurs légères
confiait un jour à Augustine Brohan:*

— À force de me voir jouer les travestis, la moitié de Paris va me prendre pour un homme.

— Rassure-toi, lui dit-elle, l'autre moitié est déjà convaincue du contraire…

≥≤

Chaque fois qu'on reprochait à Augustine Brohan d'avoir assisté à un dîner où la médisance tenait lieu de plat principal et où la bonne chère cédait le pas aux commentaires désobligeants, elle avait l'habitude de répondre:

— On y dîne si mal! Ce serait à mourir de faim si l'on n'y mangeait pas un peu son prochain!

Dans des circonstances analogues, Alexandre Dumas père, se contentait d'ajouter:

— Si je n'avais pas été là, je me serais fort ennuyé.

≥≤

Au cours d'une soirée entre gens de lettres, hommes du monde et demi-mondaines, la discussion tomba bientôt sur les femmes. Madame Brohan interpella Alexandre Dumas fils à ce propos:

— Pourquoi dites-vous de certaines femmes qu'elles sont des cocottes? Toutes les femmes ne sont-elles pas plus ou moins des cocottes?

— Oh! Mais il y a des femmes honnêtes… répondit Dumas.

— Bien sûr! Comme il y a des vocations manquées, répliqua la Brohan.

BROOKS, Mel (1927-)

Quelqu'un demanda un jour au cinéaste améri-
cain Mel Brooks ce qu'il pensait des critiques:

— Ils sont bruyants la nuit et, quand vous
   êtes à la campagne, ils vous empêchent de
   dormir.

— Mais non, lui dit son interlocuteur, je ne
   parle pas des criquets, je parle des critiques.

— Ah! Les critiques... Ils ne sont bons à rien.
   Ils ne sont même pas capables de faire de la
   musique avec leurs pattes arrière...

BROOKS, Phillipps (1835-1893)

Aux derniers instants de sa vie, l'archevêque américain Phillipps Brooks refusa d'accueillir des visiteurs et ferma sa porte même à ses plus proches amis. Robert Ingersoll, avocat agnostique et libre-penseur, fut tout étonné d'apprendre que monseigneur Brooks acceptait de le rencontrer:

— Pourquoi moi? demanda Ingersoll.

— Parce que mes amis, je suis certain de les revoir dans un autre monde, tandis que vous, c'est la dernière chance que j'ai de vous voir.

BROUGHAM, Henry Peter, baron (1778-1868)

Lorsque le baron Brougham apprit que son fils avait une liaison avec une actrice française, il lui envoya aussitôt un télégramme à Paris:

— Si tu ne quittes pas immédiatement cette jeune fille, je te coupe les vivres.

Et le fils Brougham répondit à son père par un autre télégramme:

— Si vous ne doublez pas mon allocation de séjour, j'épouse la jeune actrice.

BRYAN, William (1794-1878)

L'amiral Togo, du Japon, en visite aux États-Unis, assistait un jour à un dîner d'État donné en son honneur, peu de temps après la guerre russo-japonaise où l'amiral s'était distingué en détruisant la flotte russe à la bataille de Tsushima, en 1905. William Bryan, secrétaire d'État, fut choisi pour présenter un toast à l'amiral. Mais Bryan était un fervent prohibitionniste et refusait de boire du champagne. Il se leva, prit son verre et déclara:

— L'amiral Togo a remporté une grande victoire sur l'eau. Par conséquent, je propose de boire de l'eau à sa santé. Quand l'amiral remportera une victoire sur du champagne, je boirai du champagne à sa santé.

BUCHWALD, Art (1925-)

Un ami demanda, un jour, au journaliste et chroniqueur américain Art Buchwald, qui avait vécu plusieurs années en France:

— Quelle différence essentielle existe-t-il entre un Américain et un Français?

— La principale différence, dit Buchwald, c'est que l'Américain a plusieurs voitures et une seule femme dans son lit... tandis que le Français n'a qu'une seule voiture, mais un bon nombre de femmes dans son lit...

BUGEAUD, Thomas Robert, duc d'Isly, maréchal (1784-1849)

Un colonel qui venait de démissionner écrivit au maréchal Bugeaud:

— Maréchal, en quittant l'uniforme pour toujours, je n'ai qu'un souhait à formuler: c'est que vous et vos troupes alliez au diable!

Bugeaud lui répondit:

— Colonel, je vous rappelle que toutes les propositions de mouvement de troupes doivent être faites sur un imprimé codé et transmises par la voie hiérarchique.

BÜLOW, Hans, baron von (1830-1894)

Un jeune compositeur demanda, un jour, à von Bülow, pianiste et compositeur allemand, d'écouter sa dernière composition, une pièce musicale qui s'inspirait un peu trop largement d'extraits tirés d'autres compositeurs.

— Comment aimez-vous cette musique? demanda le jeune homme après l'exécution de la dernière composition.

— Je vous avoue, jeune homme… j'ai toujours aimé cette musique, répondit Von Bülow.

BURNS, George (1896-1997)

Le jour de ses 85 ans, un ami demanda à l'inusable comédien américain George Burns:

— Quelle est la principale satisfaction que vous éprouvez maintenant que vous avez atteint cet âge?

— Après m'être fait dire toute ma vie que je devais respecter les gens plus âgés que moi, c'est le plaisir d'avoir atteint un âge où je n'ai plus personne à respecter.

BUTLER, Samuel (1612-1680)

L'écrivain anglais Samuel Butler eut souvent maille à partir avec l'historien britannique Thomas Carlyle. Une amie de Butler, Miss Savage, fréquentait régulièrement l'historien et son épouse.

— Je trouve, dit Miss Savage, que monsieur et madame Carlyle forment un couple fort bien assorti.

— Bien assorti! répliqua Butler. Nous devons uniquement à la bonté de Dieu que ces deux-là soient ensemble, pour ainsi ne voir que deux misérables au lieu de quatre...

BYNG, John (1704-1757)

Condamné à mort par une cour martiale pour avoir manqué à son devoir de soldat, l'amiral britannique John Byng se présenta devant le peloton d'exécution. Des officiers suggérèrent alors de lui couvrir la figure pour éviter toute hésitation de la part des soldats chargés de l'exécuter.

— S'ils ont peur de moi, qu'on me couvre la figure, lança l'amiral, mais moi, ils ne me font pas peur.

Cette célèbre exécution fit dire à Voltaire: «En Angleterre, il est bon de tuer de temps en temps un amiral pour encourager les autres.»

CAMPBELL, Pat (1865-1940)

Un jeune homme prétentieux demanda un jour à Pat Campbell, une actrice britannique célèbre pour ses bons mots et son esprit:

— Dites-moi, madame, lui demanda le jeune homme, pourquoi les femmes n'ont-elles pas le sens de l'humour?

— C'est la volonté de Dieu, répliqua Pat Campbell. Ainsi, nous pouvons vous aimer, sans pour autant être obligées de rire de vous.

CAPUS, Alfred (1858-1922)

Un jour, quelqu'un demanda à Capus, écrivain et humoriste français du XIXe siècle, ce qu'il pensait de la fidélité des hommes.

— J'admets parfaitement que l'on trompe sa femme, répondit Capus. La nature humaine est la nature humaine... Mais on n'a pas le droit de se laisser pincer: la fidélité de l'homme, c'est la prudence.

＞＜

Un homme du monde un peu dépravé vient de mourir. Et chacun rappelle un souvenir du camarade qu'on avait connu. Quelqu'un s'informe à Capus.

— De quoi est-il mort, au fait?

— On ne sait pas, dit Capus. D'ailleurs, on ne savait pas non plus de quoi il vivait...

＞＜

Quand quelqu'un lui demandait son âge, Alfred Capus avait tendance à se rajeunir. Un ami, un jour, lui demanda:

— Pourquoi ne donnes-tu pas ton âge véritable?

— C'est que l'âge mûr tend à disparaître, dit
Capus. On reste jeune très longtemps, puis
on devient gâteux.

Un ami demanda, un jour, à Alfred Capus:

— Dis-moi, pourquoi ne t'es-tu jamais marié?

— Parce que je veux bien être trahi par les
femmes, répliqua Capus, mais pas tout le
temps par la même.

*Parlant d'un ami commun qui venait d'être mêlé
à une affaire louche, un collègue d'Alfred Capus
manifesta son étonnement:*

— Pourtant, dit-il, il a l'air si honnête…

— C'est vrai, dit Capus, il respire l'honnêteté;
seulement, il a le souffle un peu court.

CARNEGIE, Andrew (1835-1919)

Un jour, en visite chez Andrew Carnegie, le richissime homme d'affaires américain, un fervent socialiste fit une longue tirade sur les méfaits du capitalisme et le besoin d'une plus grande justice distributive. C'est alors que Carnegie convoqua sa secrétaire:

— Mademoiselle, dit-il, donnez-moi le chiffre exact de mes biens et l'estimation la plus récente du nombre de la population mondiale.

Après un bref calcul, Carnegie ajouta:

— Maintenant, mademoiselle, donnez 16 cents à ce monsieur. C'est sa part de ma richesse et qu'on n'en parle plus!

CAROL II (1893-1953)

Le roi de Roumanie, Carol II, raconta un jour à son ami le diplomate britannique Bruce Lockhart que, durant son règne, il avait sélectionné quatorze hauts fonctionnaires roumains pour aller étudier les systèmes politiques et économiques aux États-Unis et en Angleterre.

— Les sept fonctionnaires que j'ai envoyés en Angleterre étaient très brillants, dit le roi. À leur retour au pays, ils ont grandement aidé le gouvernement de Bucarest.

— Qu'est-il arrivé aux sept fonctionnaires que vous aviez envoyés aux États-Unis? demanda Lockhart.

— Ils étaient encore plus brillants que les autres, dit le roi, ils sont restés aux États-Unis!

CAROLINE, reine d'Angleterre (1683-1737)

Le roi George II d'Angleterre était un mari infidèle et entretenait plusieurs maîtresses. Lorsque la reine Caroline, son épouse, fut sur son lit de mort, George II parut sincèrement affecté. La Reine voulut alors le rassurer et lui dit:

— Promettez-moi de vous remarier dès que j'aurai quitté ce monde…

— Oh non, je prendrai plutôt des maîtresses, répondit le roi entre deux sanglots.

— Oui, mais cela ne devrait pas vous empêcher non plus de vous marier, répliqua Caroline.

CARTER, Jimmy (1924-)

Un jour, vers la fin de 1979, alors que l'administration du président américain Jimmy Carter était l'objet de critiques volant bas de la part de l'opposition, un journaliste demanda au locataire de la Maison-Blanche:

— Votre fille Amy profite-t-elle du fait que son père est président des États-Unis pour en retirer quelque gloire personnelle?

— Non, répondit Jimmy Carter, elle cherche plutôt à s'en excuser…

CARTER, Rosalynn (1927-)

Le jour où Rosalynn Carter, l'épouse du président américain, arriva à la Maison-Blanche, en 1977, elle demanda au chef cuisinier:

— Êtes-vous capable de cuisiner des plats dont nous raffolons dans le Sud?

— Bien sûr, madame, répondit le chef, c'est le genre de cuisine que je prépare depuis longtemps pour les domestiques de la Maison.

CARUSO, Enrico (1873-1921)

Une dame, un jour, se présenta chez Enrico Caruso, le célèbre ténor italien, dans le but de devenir rapidement une célèbre chanteuse d'opéra.

— Je quitte le pays dans un mois, dit-elle, et je voudrais prendre 25 leçons de chant avant mon départ.

— C'est impossible! répondit Caruso.

— Je pourrais prendre deux leçons par jour… reprit la dame.

— En effet, je n'y avais pas pensé… Mais pourquoi ne pas prendre les 25 leçons dans une seule et même journée? répliqua Caruso d'un air moqueur.

— Splendide! répondit la dame. Je viendrai demain!

CASANOVA, Giovanni Giacomo
(1725-1798)

Lors d'un spectacle à l'Opéra, deux actrices étaient en scène. Casanova assistait au spectacle en compagnie d'un maréchal. Ce dernier voulut vérifier le goût de Casanova pour les femmes:

— Laquelle des deux trouvez-vous la plus belle?

— Celle de droite, monsieur.

— Mais elle a de vilaines jambes…

— On ne les voit pas, monsieur; et puis, dans l'appréciation de la beauté d'une femme, la première chose que j'écarte, ce sont les jambes, riposta Casanova.

CHALIAPINE, Ivanovich (1873-1938)

Alors qu'il était en tournée dans une petite ville de Russie, le célèbre chanteur d'opéra, Ivanovich Chaliapine, passa la soirée avec une jeune dame de la ville. Avant de la quitter, il lui donna deux billets pour assister à l'opéra dans lequel il tenait le rôle principal.

— Je suis pauvre et affamée, dit la dame, et des billets d'opéra ne procurent pas de pain.

— Si c'est du pain que vous voulez, répliqua Chaliapine, vous auriez dû passer la soirée avec un boulanger…

CHAM, Amédée de Noé, dit (1819-1879)

Le caricaturiste français Cham était affligé d'une calvitie précoce. Un ami lui proposa un jour un remède soi-disant très efficace:

— Non, rien à faire, répondit Cham. Ma calvitie s'explique très bien. Je suis d'une taille extravagante... Alors, vous comprenez, mes cheveux ont le vertige... et ils tombent!

CHAMBERLAIN, Austen (1863-1937)

Lorsqu'il se vit offrir le poste de chancelier de l'Échiquier, en 1919, Austen Chamberlain se plaignit que le Premier ministre anglais, Lloyd George, n'avait pas respecté les formalités d'usage.

— Vous avez annoncé ma nomination comme on lance un os à un chien… dit Chamberlain.

— Minute Austen! répliqua Lloyd George, avouez tout de même qu'il y a pas mal de chair autour de cet os…

CHAMBERLAIN, Joseph (1836-1914)

Joseph Chamberlain, politicien anglais du XIXe siècle, était un jour conférencier invité à un déjeuner civique dans une petite ville d'Angleterre. Après le repas, le maire se pencha vers Chamberlain et lui dit:

— Est-ce que nous laissons les gens s'amuser encore un peu ou si nous passons tout de suite à votre discours?

CHAMFORT, Sébastien Roch Nicolas (1741-1794)

Chamfort, homme amer qui ne croyait pas plus en l'amitié qu'en l'amour, affectionnait sa solitude.

— Eh bien quoi, Chamfort, toujours solitaire? lui demanda un ami.

— C'est que, voyez-vous, répondit Chamfort, je suis plus accoutumé à mes défauts qu'à ceux des autres.

CHAPLIN, Charles Spencer, dit Charlie (1889-1977)

Charlie Chaplin invita un jour le savant Albert Einstein à visiter les studios d'Hollywood. Lorsque les deux hommes arrivèrent sur les lieux, la foule les accueillit par des applaudissements et des bravos.

— Vous voyez, dit Chaplin en s'adressant à Einstein. Tous ces gens vous applaudissent parce que personne ne comprend ce que vous faites; tandis que moi, ils m'applaudissent parce que tout le monde me comprend.

CHARLES II (1630-1685)

Le comte de Rochester écrivit un jour une note qu'il posa sur la porte de la chambre à coucher du roi d'Angleterre, Charles II.

— Ici repose sa Majesté le Roi. Il n'a jamais proféré de sottes paroles ni posé d'actions sages.

— C'est vrai! répliqua le roi. Car ce que je dis est de moi, tandis que mes actions sont celles de mes ministres.

Le roi d'Angleterre, Charles II, se promenait, un jour, dans Hyde Park, à Londres, accompagné de deux nobles de la cour. Le duc d'York, frère du roi et prétendant au trône, le croisa dans son carrosse précédé d'un détachement de gardes.

— Ce n'est pas prudent de vous exposer ainsi dans Londres sans escorte armée, dit le duc.

— Aucun danger! répliqua le roi. Il n'y a pas un seul homme en Angleterre qui prendrait le risque d'attenter à ma vie de peur de vous voir monter sur le trône.

C

CHASE, Ilka (1903-1978)

Elle venait à peine de divorcer quand Ilka Chase, actrice et auteur américaine, apprit que son ex-mari, Louis Calhern, avait déjà épousé une de ses amies, Julia Hoyt. Histoire de souligner la frivolité de son «ex», Ilka Chase expédia à la nouvelle épouse un vieux stock de cartes d'affaires imprimées au nom de «Madame Louis Calhern» avec ce mot:

«Chère Julia,

J'espère que ces cartes vous parviendront à temps et que vous aurez le temps de les utiliser.»

CHATEAUBRIAND, François René, de (1768-1848)

Insulté, bafoué par un être cher, un ami fit part à Chateaubriand de sa grande frustration:

— Cet être est ignoble! dit-il. Je vais lui cracher mon plus profond mépris…

— Il ne faut dépenser le mépris qu'avec une grande économie, répliqua Chateaubriand, à cause du grand nombre de nécessiteux.

CHERUBINI, Luigi (1760-1842)

Un jeune musicien apporta, un jour, au compositeur italien Luigi Cherubini, une partition musicale soi-disant écrite par Étienne Mehul. Cherubini étudia la partition et décréta illico:

— Non, ce n'est pas de Mehul, c'est trop mauvais!

— Alors me croiriez-vous si je vous disais que cette composition est de moi? ajouta le jeune musicien.

— Non! répliqua Cherubini, c'est trop bien.

CHESTERTON, Gilbert Keith
(1874-1936)

George Bernard Shaw, très mince et très grand, était le contraste vivant de l'écrivain et critique Gilbert Keith Chesterton, plutôt gros et court. Mais ces deux hommes de lettres anglais étaient différents sur bien d'autres points.

— Si j'étais aussi gros et difforme que vous, dit Shaw, je me pendrais.

— Si jamais je décide de me pendre, répondit Chesterton, je vous utiliserai comme corde…

Dans un restaurant de Londres, Chesterton discutait avec un collègue américain de diverses notions philosophiques, en particulier de la relation qui existe entre le pouvoir et l'autorité.

— Je ne vois pas très bien quelle distinction vous faites entre l'autorité et le pouvoir, dit l'Américain.

— Voici, dit Chesterton, si un rhinocéros surgissait dans ce restaurant, il n'y a aucun doute qu'il exercerait un réel pouvoir. Mais je n'hésiterais pas à me lever et à lui dire qu'il n'a aucune autorité, de toute façon.

Quelqu'un demanda à Chesterton:

— Si vous deviez vous retrouver seul sur une île déserte, quel livre aimeriez-vous avoir en votre possession?

— Le *Guide pratique de construction navale* de Thomas, répondit Chesterton.

CHEVALIER, Gabriel (1895-1969)

Gabriel Chevalier, écrivain français auteur de Clochemerle, *s'est fait reprocher toute sa vie d'avoir un penchant un peu trop porté sur la dive bouteille. Mais il avait, disait-il, une bonne raison de continuer dans cette voie:*

— Plus on boit de vin, plus on trouve sa femme gentille, ses amis fidèles, l'avenir encourageant et l'humanité supportable.

CHEVALIER, Maurice (1888-1972)

Après un spectacle, à New York, Maurice Cheva-lier, qui avait alors 73 ans, discutait dans les coulisses avec le comédien américain Phil Sil-ver, lorsqu'une nuée de jeunes et jolies filles passa près de Chevalier.

— Ah! si seulement j'avais 20 ans de plus... remarqua le grand Maurice.

— Vous voulez dire, 20 ans de moins? ajouta Silver.

— Non, non, répliqua Chevalier, si j'étais plus vieux de 20 ans, ces jolies filles ne me dérangeraient plus…

CHRISTIE, Agatha (1890-1976)

Le second mari d'Agatha Christie était un archéologue célèbre. De retour d'une expédition au Proche-Orient, une amie demanda à la romancière:

— Comment appréciez-vous le fait d'être mariée à un homme qui n'a d'yeux que pour les antiquités?

— Un archéologue est le meilleur mari qu'une femme puisse avoir, répliqua-t-elle. Plus vous prenez de l'âge, plus il s'intéresse à vous!

C

CHURCHILL, sir Winston (1874-1965)

Churchill a toujours pratiqué la riposte avec esprit. Il demeure sans nul doute l'un des grands maîtres de la répartie assassine. Ainsi, George Bernard Shaw, le dramaturge anglais, fit parvenir à Churchill deux billets pour la première d'une pièce qu'il venait d'écrire. À son intention, Shaw ajouta toutefois ce petit mot acerbe:

— Voici deux billets, pour vous et un ami... si tant est que vous en ayez un...

Churchill garda les billets mais riposta aussitôt dans un petit mot écrit de sa main:

— Je regrette de ne pouvoir assister à la première de votre pièce. Mais j'aurai grand plaisir à assister à la seconde représentation... si tant est qu'il y en ait une...!

Le jour de ses 86 ans, Churchill reçut la visite d'un groupe d'amis venus lui souhaiter un joyeux anniversaire. En lui tendant la main un jeune homme lui dit:

— J'espère venir vous saluer à nouveau le jour de vos cent ans...

— Je ne vois pas pourquoi vous ne le feriez pas, répondit Churchill. Vous me paraissez en excellente santé!

※

Un journaliste demanda, un jour, à Winston Churchill:

— Que pensez-vous de ce vieil adage voulant qu'une pomme par jour éloigne le médecin?

— Oui, répondit Churchill, surtout si on vise bien!

※

Au début de sa carrière politique, Winston Churchill portait la moustache. Au cours d'un dîner, une vieille dame qui lui cherchait noise l'apostropha en ces termes:

— Jeune homme, lui dit-elle, je me fous de votre politique comme de vos moustaches!

— Madame, répliqua Churchill, il y a très peu de chance que vous veniez jamais en contact ni avec l'une, ni avec l'autre.

※

La fille de Churchill avait épousé un artiste de music-hall, Vic Oliver, que Churchill n'aimait vraiment pas. Un jour, Oliver demanda à son beau-père:

— Quel est l'homme que vous avez admiré le plus durant la guerre?

— Mussolini! lança Churchill qui ajouta... Parce qu'il eut le courage de faire fusiller son gendre!

Vers la fin de la guerre, à Londres, au cours d'un dîner entre amis, un domestique vint pour la troisième fois informer Churchill que de Gaulle insistait pour lui parler au téléphone. Exaspéré, il quitta ses amis un instant pour prendre l'appel. De retour à table, Churchill lança:

— Ce sacré de Gaulle! Il a eu l'impertinence de me dire que les Français le considéraient comme la réincarnation de Jeanne d'Arc.

— Que lui avez-vous répondu? demanda un ami.

— J'ai cru nécessaire de lui rappeler que nous avions dû brûler la première, ajouta Churchill.

Au cours d'une visite qu'il effectuait aux États-Unis, Churchill fut invité à un buffet où on servait du poulet froid. Churchill s'adressa à l'hôtesse:

— Je prendrais bien une poitrine, s'il vous plaît.

— Monsieur Churchill, dans ce pays, quand il est question de poulet, nous demandons de la viande blanche ou de la viande brune…

Aussitôt, Churchill se confondit en excuse. Mais le lendemain matin, l'hôtesse reçut de Churchill, une magnifique orchidée avec une carte sur laquelle étaient écrits ces mots:

— Vous m'obligeriez beaucoup en épinglant cette fleur sur votre «viande blanche»!

Entrant un jour dans les toilettes des hommes, à la Chambre des communes, Churchill aperçut Clément Attlee, debout devant un urinoir. Il alla aussitôt se poster à l'autre extrémité de la rangée d'appareils sanitaires.

— Eh bien, Winston! on est bien distant aujourd'hui… lança Attlee.

— En effet, répliqua Churchill, car chaque fois que tu vois quelque chose de gros, tu veux le nationaliser…

Au cours d'un dîner, Winston Churchill eut une vive discussion avec une dame, membre de la Chambre des Communes. Cette personne eut la mauvaise idée de lancer d'un ton dédaigneux:

— Monsieur Churchill, vous êtes complètement ivre...

— Et vous, madame, vous êtes laide... Mais sachez que moi, demain, je serai sobre...

Même vers la fin de sa vie, Winston Churchill ne manquait pas d'esprit. Un jour qu'il était assis dans un des salons de la Chambre des Communes, un collègue lui fit remarquer discrètement:

— Monsieur Churchill, la fermeture éclair de votre pantalon est ouverte.

— Sachez, mon ami, que les oiseaux morts ne s'envolent jamais de leur nid...

Alors âgé de plus de quatre-vingts ans, Winston Churchill se rendit à la Chambre des Communes. Sa présence causa de la distraction. Un adversaire de toujours lança à la cantonade, en parlant du vieux lion:

— Après tout, ils disent qu'il est sénile.

— Ils disent aussi qu'il est complètement sourd, rétorqua Churchill.

Lady Astor engagea un jour une vive discussion avec Winston Churchill sur l'égalité des femmes en politique. Churchill ne lui donna aucune chance et contesta vivement tout ce qu'elle affirmait sur ce sujet.

— Winston, dit-elle, si vous étiez mon mari, je mettrais du poison dans votre café…

— Et moi, répondit Churchill, si vous étiez ma femme, je le boirais!

Un jour, au cours d'une réception aux États-Unis, une Américaine prétentieuse interpella Churchill sur un ton arrogant:

— Dites-moi, qu'avez-vous l'intention de faire pour améliorer le sort de ces misérables Indiens?

— De quels Indiens parlez-vous, Madame, répliqua Churchill. Faites-vous référence à ce grand peuple indien qui, sous le gouvernement de l'Empire britannique, a prospéré et s'est multiplié? Ou bien, voulez-vous parler de ces malheureux Indiens d'Amérique du Nord qui, sous votre présente administration, ont presque totalement disparu?

En vieillissant, Churchill se sentit plus solidaire des gens de sa génération. Un jour, un ami lui dit:

— Savez-vous que la police a arrêté un vieil Anglais de plus de soixante-quinze ans qui venait d'attenter à la pudeur d'une jeune fille, dans Hyde Park, par une température en dessous de zéro?

— Plus de soixante-quinze ans? Par une température en dessous de zéro? répliqua Churchill… Voilà pourquoi je suis fier d'être Anglais!

Dans une violente sortie à la Chambre des Communes, Churchill attaqua la politique du gouvernement Baldwin. S'adressant au Premier ministre, il déclara:

— L'histoire dira un jour que le Très Honorable Premier ministre était, sur ce sujet, totalement dans l'erreur… puis Churchill fit une pause et ajouta:

— ... Et je sais ce que je dis, car c'est moi qui écrirai l'histoire.

※

Le président américain Franklin Delano Roosevelt avait exprimé l'espoir que la conférence de Yalta ne dure pas plus de cinq ou six jours. Ce qui fit dire à Churchill:

— Je ne vois pas pourquoi nous mettrions plus que cinq ou six jours à organiser le monde. Dieu lui-même l'a créé en sept jours...

※

Au cours d'une tournée sur les champs de bataille en mars 1945, Churchill, accompagné de militaires et de journalistes, traversa la ligne Siegfried. Soudain, il fit arrêter sa voiture pour voir de plus près les installations allemandes détruites.

— Maintenant, dit Churchill, allons tous pisser en chœur contre ces fortifications[1]. Aussitôt, des journalistes se précipitèrent pour prendre une photo.

[1] Une chanson patriotique des années quarante, connue aussi bien en Angleterre qu'en France, s'intitulait «Nous irons faire sécher not' linge sur la ligne Siegfried». Ce geste concrétisait donc un vieux souhait.

— Pas question! répliqua Churchill en demandant aux journalistes de se retirer. Ceci est une opération militaire dont les mouvements ne doivent pas être divulgués photographiquement.

Winston Churchill avait une façon bien personnelle de se montrer modeste à l'égard de ses talents d'orateur. Un jour, un ami lui demanda:

— N'êtes-vous pas impressionné quand vous voyez dix mille personnes venues vous entendre prononcer un discours?

— Pas du tout! répondit Churchill, car je sais qu'il en viendrait au moins dix fois plus pour me voir balancer au bout d'une corde...

Après une journée particulièrement harassante, Winston Churchill refusa de voir le dernier visiteur de la journée. Il dit à son secrétaire:

— Dites-lui que je ne suis pas là.

— Mais il ne me croira pas, répondit le secrétaire.

— Eh bien! pour le convaincre, arrangez-vous pour qu'il vous voie avec un de mes cigares au bec lorsque vous irez l'accueillir…

≥≤

L'intempérance de Winston Churchill est tout aussi légendaire que sa stature politique. Chaque fois que quelqu'un tentait de lui reprocher de fumer trop de cigares, il répondait:

— Ne croyez surtout pas que je fume toute la journée! Je suis bien trop tempérant pour cela. Il s'agit en réalité de faux cigares: ils sont creux et remplis de cognac à l'intérieur…

≥≤

Peu avant la bataille d'El Alamein, Churchill convoqua le général Montgomery et lui demanda de se joindre au groupe chargé de la logistique en vue de cette bataille. Mais le général ne croyait pas qu'il devait être impliqué dans des questions aussi techniques:

— Après tout, fit remarquer Montgomery, vous savez bien que d'une trop grande intimité naît le mépris.

— Je vous ferai remarquer, répliqua Churchill, que sans un degré raisonnable d'intimité ni vous ni moi ne serions de ce monde…

Un jour que Winston Churchill était en visite à la Maison-Blanche, le président Franklin Roosevelt se fit conduire en chaise roulante jusqu'à la chambre de l'homme d'État britannique. Roosevelt ouvrit la porte sans frapper et aperçut Churchill complètement nu au beau milieu de la pièce.

— Vous voyez, monsieur le président, dit Churchill sur un ton embarrassé, nous, les Anglais, nous n'avons rien à cacher…

Plusieurs têtes couronnées d'Afrique et d'ailleurs assistèrent au couronnement de la reine Elizabeth II. Vers 14 h, la cérémonie traînait en longueur et Churchill, affamé, commença à s'impatienter. Soudain apparut la reine des îles Tonga, Salote Tupou III, suivie d'un jeune Noir qui portait sa traîne. Un ami se pencha vers Churchill et lui demanda en pointant du doigt le petit Noir:

— Qui est ce gamin?

— C'est le déjeuner de la reine… grommela Churchill.

Au cours d'un dîner en l'honneur des représentants des pays du Commonwealth, le chef du protocole vint informer Churchill qu'un des invités avait glissé dans sa poche une salière en argent. Aussitôt, Churchill s'empara de la poivrière assortie et la mit dans sa poche. À la fin du repas, il s'approcha de l'invité fautif et lui glissa à l'oreille sur un ton complice, en lui montrant l'objet volé:

— Je crois, mon ami, que nous avons été pris en flagrant délit... Peut-être vaudrait-il mieux que nous remettions ces objets à leur place...

Les Britanniques, les vrais, affectionnent particulièrement les chiens. Ainsi, un mendiant aveugle dans les rues de Londres doublera ses profits s'il est accompagné de l'un de ces animaux. Et si ce chien est aveugle, il fera peut-être la fortune de son maître!

Une bonne dame demanda un jour à Winston Churchill pourquoi les Anglais étaient plus tolérants et plus compréhensifs envers leurs chiens qu'ils ne l'étaient envers leurs propres enfants... Churchill répondit:

— C'est que, voyez-vous, Madame, nous ne cherchons pas à en faire des hommes de nos chiens...

CICÉRON, Marcus Tullius (106-43 av. J.-C.)

Un noble de Rome, dont la mère était reconnue pour son libertinage, reprocha à Cicéron, homme d'État et orateur romain, ses modestes origines.

— Après tout, qui était votre père? dit le prétentieux personnage sur un ton dédaigneux.

— Remarquez, répliqua Cicéron, qu'il m'est encore plus difficile de vous dire qui était le vôtre…

CLAUDEL, Paul (1868-1955)

Au cours d'un concert, une femme assise près de Paul Claudel lui lança d'une voix amplifiée par l'enthousiasme:

— Rien n'est plus beau que la musique, ne trouvez-vous pas?

— Si, madame, le silence...

C

CLAY, Henry (1777-1852)

Un jour, une dame de la haute société apostro-pha Henry Clay, homme d'État américain du XIXe siècle:

— Comment, vous ne vous souvenez pas de mon nom, Monsieur Clay? lança la dame.

— Non, madame, je ne m'en souviens pas, répondit Clay, car la dernière fois que nous nous sommes rencontrés, j'étais certain que votre beauté et vos charmes vous mèneraient à changer rapidement de nom.

CLEMENCEAU, Georges (1841-1929)

Dans une gare de Paris, d'où il prenait le train pour participer à un autre de ses nombreux duels, l'homme d'État français Georges Clemenceau demanda au préposé aux billets un aller simple.

— N'êtes-vous pas un peu trop pessimiste? lui demanda son témoin qui l'accompagnait.

— Pas du tout, répliqua Clemenceau. J'utilise toujours le billet de retour de mon adversaire pour rentrer.

Le président du Sénat, Antonin Dubost, reprochait à Georges Clemenceau de ne pas le soutenir dans sa course à la présidence de la République:

— Vous dites à tout le monde que je suis un imbécile. Je ne suis cependant pas plus bête qu'un autre...

— Quel autre? Nommez-le! lança Clemenceau.

Nommé pour la première fois ministre, en visitant ses nouveaux bureaux en pleine heure de travail, Clemenceau n'y trouve qu'un seul employé qui, d'ailleurs, dort du sommeil du juste. Et comme on veut le réveiller, Clemenceau murmure tout bas:

— Non, non, ne le réveillez pas! Il s'en irait lui aussi!

Faisant un jour allusion à l'érudition du président français Poincaré, quelqu'un fit remarquer à Clemenceau, alors qu'il était président de la République:

— Savez-vous que Poincaré est un véritable puits de science?

— C'est vrai! répliqua Clemenceau, il sait tout, mais rien d'autre.

Un jour, au cours d'une réception officielle, quelqu'un demanda à Georges Clemenceau pourquoi il refusait de se joindre à un groupe de danseurs. L'homme politique répondit sur un ton quelque peu cynique:

— La danse? On ne voit que des figures qui s'ennuient et des derrières qui s'amusent!

Alors qu'il était ministre français de l'Intérieur, Clemenceau congédia l'un de ses préfets pour fautes graves:

— Enfin! demanda le préfet, que m'est-il reproché? D'être une fripouille ou d'être un imbécile?

— Ah! vous savez, riposta Clemenceau, on peut très bien cumuler...

COCTEAU, Jean (1889-1963)

Le poète et écrivain français Jean Cocteau était un personnage très médiatique. Ses succès dans les domaines les plus variés de l'activité artistique suscitèrent beaucoup d'envie autour de lui. Quelqu'un, un jour, osa lui demander:

— Monsieur Cocteau, croyez-vous à la chance?

— Bien sûr, répondit Cocteau, comment voulez-vous expliquer autrement le succès des gens que vous n'aimez pas?

Au cours d'une vive discussion entre amis au sujet du ciel et de l'enfer, Jean Cocteau refusa de donner son opinion sur le sujet.

— Vous m'excuserez, dit-il, mais j'ai de bons amis aux deux endroits…

L'éditeur français Bernard Grasset tenta un jour de convaincre Jean Cocteau que, dans le domaine du livre, l'éditeur était plus important que l'auteur.

— Pourquoi alors, répondit Cocteau, ne faites-vous pas comme les producteurs de cinéma? Inscrivez en gros caractères sur la page couverture: «Un livre de Grasset» et, au-dessous, en petits caractères: «Les mots sont de Jean Cocteau».

COHEN, Morris (1880-1947)

À la fin d'un cours de philosophie, une étudiante apostropha son professeur, le philosophe américain Morris Cohen.

— Professeur, dit-elle, vous avez réussi à démolir toutes mes croyances, mais vous ne me proposez rien en retour.

— Écoutez, Mademoiselle, répondit Cohen, parmi les divers travaux dont Hercule fut chargé, on lui demanda de nettoyer les écuries d'Augias. À ce que je sache, on ne lui demanda pas par surcroît de les remplir…

CONDORCET, marquise de
(1752-1803)

Après la mort de son mari, le marquis Marie Jean Antoine de Condorcet, la marquise devint le centre d'un foyer d'opposition hostile au général Bonaparte. Un jour, le Général lui fit sentir son mécontentement:

— Je n'aime point, dit-il, les femmes qui s'occupent de politique…

— Vous avez raison, Général, mais dans un pays où on leur coupe la tête, il est naturel que les femmes aient envie de savoir pourquoi…

CONTI, François Louis de Bourbon, prince de (1664-1709)

Le prince de Conti, noble français du XVIIIe siècle, était aussi laid que sa femme était spirituelle. Un jour, alors qu'il s'apprêtait à partir pour un long voyage, il dit à celle-ci:

— J'espère que vous ne me ferez pas cocu...

— Monsieur, répondit son épouse, vous pouvez partir sans crainte, car c'est seulement quand je vous vois que j'ai envie de vous tromper...

COOLIDGE, John Calvin (1872-1933)

Un proche collaborateur du président américain Calvin Coolidge (1923-1929), tenta d'empêcher la nomination d'un industriel américain à un poste au cabinet.

— Mais, Monsieur le Président, dit-il, cet homme est un véritable enfant de pute...

— Et alors, répondit Coolidge, ne croyez-vous pas qu'elles ont droit, elles aussi, d'être représentées au cabinet?

Une orageuse discussion entre deux sénateurs américains se termina lorsque l'un d'eux lança à son collègue d'aller «au diable». Le sénateur, insulté, demanda au président Coolidge d'intervenir.

— ... Il m'a dit: «Va-t'en au diable!», se plaignit le sénateur. J'exige des excuses!

— J'ai consulté la loi, répondit Coolidge et, croyez-moi, sénateur, vous n'êtes pas obligé d'y aller...

Lorsque Calvin Coolidge annonça, à la fin de son terme, sa décision de ne pas se représenter à la présidence, un journaliste voulut en savoir plus.

— Dites-moi, monsieur le président, quelle est la véritable raison pour laquelle vous ne voulez pas vous présenter de nouveau?

— Tout simplement, répondit Coolidge, parce que c'est une fonction qui n'offre aucune chance d'avancement.

Au cours d'un banquet officiel, une dame se pencha vers Calvin Coolidge et lui dit à l'oreille:

— Vous êtes obligé d'assister à tellement de banquets officiels que cela doit être ennuyeux à la fin...

— Ah! vous savez, madame, il faut bien qu'un homme mange quelque part, répondit Coolidge.

Au retour de l'office du dimanche, un ami demanda à Calvin Coolidge:

— Alors, monsieur le président, quel était le sujet du sermon?

— Le péché! répondit Coolidge.

— Et qu'est-ce que le prédicateur a dit à ce sujet?

— Il a dit qu'il était totalement contre, répondit Coolidge.

Calvin Coolidge savait, avec beaucoup d'à propos, rabrouer les importuns. Une femme, assise à ses côtés au cours d'un dîner d'État, tenta d'engager la conversation.

— Monsieur le président, pourriez-vous me rendre un petit service? J'ai parié avec un ami que je pourrais vous persuader de me dire plus de deux mots!

Coolidge regarda la dame sans sourciller et lui dit tout simplement:

— Vous perdez!

COPELAND, Charles (1860-1952)

Pendant des années, Charles Copeland, célèbre professeur d'anglais à Harvard, a habité, sous les combles, une chambre inconfortable au dernier étage d'un immeuble réservé au corps enseignant.

— Pourquoi ne choisissez-vous pas un appartement plus confortable?

— Parce que, répondit Copeland, c'est le seul endroit à Harvard où seul Dieu est au-dessus de moi. Il est très occupé... mais il est bien tranquille.

COURTELINE, Georges (1858-1929)

Au cours d'une conversation où il était question de mariage, une dame lança à l'auteur dramatique français, Georges Courteline:

— Il y a toutes sortes de mariage...

— Non, Madame, répliqua Courteline, il y a deux sortes de mariage: le mariage blanc et le mariage multicolore. Ce dernier est appelé ainsi parce que chacun des deux conjoints en voit de toutes les couleurs.

Un jour, Courteline était assis à la terrasse d'un café, à Paris, en compagnie du journaliste Ernest Lajeunesse, un homme fort laid et toujours vêtu de façon négligée. Soudain, le journaliste s'écria:

— Merde! je viens d'avaler une mouche...

— Tant mieux! répliqua Courteline. Je suis toujours content quand il arrive malheur à ses sales bêtes.

Dans le feu d'une violente dispute avec Courte-line, son interlocuteur, à court d'argument, lui lança:

— Je suis bien forcé d'admettre, Monsieur, qu'à mes yeux vous êtes un parfait idiot…

— Passer pour un idiot aux yeux d'un imbécile est une volupté de fin gourmet, répliqua Courteline.

Dans l'espoir d'attirer sur lui l'attention du public, un jeune auteur écrivit à Georges Courte-line pour le provoquer en duel. La lettre du jeune auteur était remplie de fautes. L'écrivain français répondit au jeune homme en ces termes:

— Comme c'est moi qui suis l'offensé, j'ai le choix des armes. Et je choisis l'orthographe. J'aime mieux vous dire tout de suite: «Vous êtes mort!»

COWARD, sir Noël (1899-1973)

L'acteur et écrivain britannique, sir Noël Coward, passa une nuit plutôt inconfortable dans un petit hôtel des Seychelles, car il dut subir les assauts d'une colonie de punaises de lit. Le lendemain, le gérant de l'hôtel lui demanda:

— Puis-je inscrire sur la porte de votre chambre «Noël Coward a dormi en ce lieu»?

— Oui, répondit Coward, à condition que vous ajoutiez: «... Mais d'un sommeil très agité.»

CURNONSKY, Maurice Edmond Sailland, dit (1872-1956)

Le célèbre gastronome français Curnonsky était un invité difficile à satisfaire et exigeant à tous les points de vue. Un jour qu'il sortait d'un dîner chez une dame, un ami lui demanda:

— Eh bien, comment avez-vous trouvé la cuisine?

— Mon Dieu! Si le potage avait été aussi chaud que le vin, le vin aussi vieux que la poularde, et la poularde aussi grasse que la maîtresse de maison, ç'aurait été presque convenable…

DAHN, Félix (1834-1912)

Alors qu'il était de passage à Hambourg, Félix Dahn, historien allemand, fut invité à donner une série de conférences dans cette ville.

— Je ne peux accepter, souligna Dahn. J'ai déjà passé six mois dans cette ville à ne rien faire d'autre que boire et dormir et je ne veux pas répéter une telle expérience…

— Quand cela est-il arrivé, lui demanda-t-on?

— Au cours des six premiers mois de mon existence, répondit Dahn.

DANINOS, Pierre (1913-)

Quelqu'un demanda, un jour, à Pierre Daninos, écrivain et humoriste français, pourquoi les Anglais préféraient boire du thé?

— Il suffit de goûter à leur café, répondit Daninos.

DARROW, Seward (1857-1938)

Une cliente du célèbre avocat américain des années trente, Seward Darrow, très satisfaite de la façon dont sa cause avait été conduite, chercha à exprimer sa reconnaissance.

— Comment pourrais-je un jour vous manifester toute mon appréciation?

— Depuis que les Phéniciens ont inventé l'argent, répliqua Darrow, il n'y a toujours eu qu'une seule réponse à ce genre de question.

À la suite d'une conférence qu'il venait de donner devant un club féminin, Seward Darrow dut affronter une série de questions.

— Que pensez-vous du contrôle des naissances? lui demanda l'une des auditrices.

— Ma chère dame, répondit Darrow, chaque fois que j'entends quelqu'un se faire le défenseur du planning familial, je n'arrive pas à oublier que je suis le cinquième enfant d'une famille...

D *Seward Darrow était un bourreau de travail, mais d'allure négligée. Un jour, des journalistes profitèrent d'une occasion pour le taquiner.*

— Comment se fait-il, monsieur Darrow, que vous soyez toujours accoutré comme un as de pique? lui demanda un journaliste.

— Sachez, monsieur, que j'ai un meilleur tailleur que vous tous, et que je paie mes habits plus cher que vous ne paierez jamais les vôtres... la seule différence, c'est que moi, mon travail m'oblige souvent à dormir tout habillé.

DAUDET, Alphonse (1840-1897)

Un romancier populaire, très attaqué pour son style, confia un jour à Alphonse Daudet:

— Je ne comprends pas... Je sais pourtant mon français…

— Ton français? Peut-être, répondit Daudet, mais pas celui des autres.

Au cours d'une conversation à laquelle participait l'écrivain français Alphonse Daudet, quelqu'un souleva la lâcheté du journaliste Arthur Meyer, directeur du Gaulois*:*

— On peut dire que le courage n'est pas la vertu dominante de ce pauvre Meyer.

— C'est une honte! répliqua Daudet. D'une gifle il fait un applaudissement, d'un crachat une décoration et d'un coup de pied au derrière, un petit fauteuil.

DAUPHIN, Claude (1903-1995)

Le comédien Claude Dauphin avait le nez long et l'esprit fin. Alors qu'il dansait avec une dame, cette dernière laissa échapper par mégarde un pet sonore. Elle avoua aussitôt sa bévue en lui glissant à l'oreille:

— Monsieur, je préférerais que cela reste entre nous…

— Madame, je préférerais, quant à moi, que cela circule…

DAYAN, Moshe (1915-1981)

Moshe Dayan, ministre israélien de la Défense, avait perdu un œil au cours de la dernière guerre et portait un bandeau qui lui donnait un petit air de pirate. Un jour, il fut arrêté pour excès de vitesse.

— Vous savez à quelle vitesse vous rouliez? lui demanda le policier.

— Vous voyez bien que je suis borgne, répondit Dayan, comment voulez-vous que je surveille à la fois le compteur et la route?

DEGAS, Edgar (1824-1917)

Le peintre et sculpteur français Edgar Degas assistait en tant que spectateur à une vente aux enchères au cours de laquelle un de ses tableaux fut vendu à un prix fort élevé.

— Que ressentez-vous face à une telle transaction? lui demanda un ami qui l'accompagnait.

— Je ressens à peu près la même chose que doit ressentir un cheval qui vient de gagner le derby et qui voit le jockey recevoir la coupe.

Edgar Degas était foncièrement conservateur. Son ami, le graveur Jean-Louis Forain, croyait au progrès et venait de se faire installer le téléphone, une invention récente. Un jour, en présence de Degas, le téléphone sonne et Forain se précipite pour répondre.

— Tu vois, mon ami, dit Forain, quelle belle invention! Il suffit de décrocher et de parler.

— C'est ça, le téléphone? On vous sonne comme un domestique et vous accourez!

DEJAZET, Virginie (1798-1875)

Au cours d'un déjeuner qui avait lieu à Berlin, Virginie Dejazet, une célèbre actrice française du XIXᵉ siècle, se sentit soudain frustrée de voir que ses mots d'esprit ne créaient aucune impression autour de la table. Elle s'exclama:

— Ce que vous avez entendu depuis quelques minutes, mes chers amis allemands, cela s'appelle de l'esprit... Vous devriez vous consulter et vous mettre ensemble pour essayer de comprendre!

DEPEW, Chauncey (1834-1928)

Alors qu'il était fort avancé en âge, Chauncey Depew, avocat, politicien et homme d'esprit américain, était assis un jour près d'une jeune dame portant un profond décolleté, à peine retenu par une généreuse poitrine.

— Ma chère, lui dit Depew, voulez-vous bien me dire ce qui empêche cette robe de glisser de votre corps?

— Seulement votre âge, Monsieur! répliqua la dame.

DESCARTES, René (1596-1650)

Jacques Henri de Durfort, duc de Duras, invita René Descartes à dîner. Le philosophe fit largement honneur à la table de son hôte, parce qu'il avait grand appétit et que les plats étaient délicieux. À la fin du repas, le duc fit cette remarque:

— Je ne savais pas que les philosophes pouvaient prendre un plaisir aussi vif aux agréments de la table.

— Il serait navrant de penser que Dieu ait créé tant de bonnes choses pour le seul plaisir des ignorants, répliqua Descartes.

DISRAELI, Benjamin (1804-1881)

Benjamin Disraeli, Premier ministre de Grande-Bretagne, était reconnu pour son esprit mordant. Un jour, un collègue lui demanda:

— On dit que vous pouvez faire de l'esprit aux dépens de n'importe qui?

— Bien sûr, répondit Disraeli.

— Alors je vous mets au défi de faire de l'esprit au sujet de la reine Victoria.

— Mais… la reine n'est pas un sujet, rétorqua Disraeli.

Benjamin Disraeli avait de l'esprit et la répartie cinglante. Il fut un homme d'État particulièrement redouté de ses ennemis politiques. Un de ses adversaires, le Premier ministre William Gladstone, était une de ses cibles préférées. Un jour, au cours d'une conversation, quelqu'un demanda à Disraeli:

— Quelle est la différence entre un accident et une catastrophe?

— Si, par exemple, Gladstone tombe dans la rivière, c'est un accident, précisa Disraeli; mais si quelqu'un se précipite et le sauve de la noyade, c'est une catastrophe…

DOYLE, Arthur Conan (1859-1930)

L'auteur britannique, Conan Doyle, le créateur de Sherlock Holmes, fut, vers la fin de sa vie, un adepte du spiritisme et croyait donc que la communication avec les morts était possible. Un jour, un ami lui suggéra d'aller rendre visite à un collègue malade.

— Je lui téléphonerai demain, répondit Doyle.

— Demain sera trop tard. Il ne passera sûrement pas la nuit.

— Dans ce cas, répliqua Doyle, je lui parlerai la semaine prochaine.

DRYDEN, John (1631-1700)

Le poète et critique anglais John Dryden accordait plus d'attention à ses livres qu'à sa femme. Un jour, celle-ci fit irruption dans le cabinet de travail de son mari.

— Franchement, dit-elle, j'aimerais bien être un livre moi-même afin que vous me portiez un peu d'attention…

— Si vous devenez un livre, répliqua Dryden, il faut souhaiter que ce soit un almanach… pour que je puisse vous changer tous les ans!

DUMAS, Alexandre (1802-1870)

Un soir, au Théâtre-Français, Dumas, assis à côté de l'auteur dramatique Alexandre Soumet, vit un spectateur endormi pendant une pièce de ce dernier:

— Vous voyez, dit Dumas, voilà l'effet que produisent vos pièces…

Le lendemain, on jouait une comédie de Dumas. L'auteur se tenait à l'entrée de l'orchestre. Tout à coup Soumet lui frappe sur l'épaule, lui montre le monsieur qui dormait à l'orchestre, et lui dit d'un ton aigre-doux:

— Vous voyez, mon cher Dumas, que l'on peut dormir également en écoutant votre prose…

— Allons donc, riposta Dumas, c'est le monsieur d'hier qui n'est pas encore réveillé!

Alexandre Dumas père était né de l'union d'une Blanche et d'un mulâtre. Un journaliste qui l'interrogeait lui demanda:

— Alors, votre père était mulâtre?

— En effet.

— Et votre grand-père était nègre?

— Eh oui!

— Et votre arrière-grand-père était...

— Un singe, répliqua Dumas agacé. Un singe! Ce qui signifie que ma famille a commencé par où la vôtre s'est terminée.

Les infidélités de l'épouse de l'écrivain français Alexandre Dumas étaient de notoriété publique. Cela ne semblait pas le déranger outre mesure. Un jour, un ami lui en fit le reproche.

— Comment peux-tu accepter d'être cocu?

— Les chaînes du mariage sont si lourdes, répliqua Dumas, qu'il faut être deux pour les porter et... quelquefois trois!

Un critique reprochait à Alexandre Dumas d'avoir parlé, dans un roman, du «vide douloureux qu'occasionnent les moments de faiblesse».

— Quelle singulière image! dit le critique. Comment une chose vide peut-elle être douloureuse?

— Mon cher ami, vous n'avez donc jamais eu mal à la tête?

Au cours d'une soirée, une dame demanda à Alexandre Dumas:

— Cher maître, vous qui savez tout dire et qui pouvez tout dire, y a-t-il dans votre pensée une grande différence entre l'amitié et l'amour?

— Une différence énorme, Madame... Du jour à la nuit.

Pendant la répétition d'une de ses pièces, Alexandre Dumas père s'en prit au metteur en scène, un dénommé Billou.

— Vous êtes, lança Dumas, un parfait imbécile.

— Je proteste, dit Billou. C'est un peu fort: Comment pouvez-vous dire une chose pareille? C'est inacceptable, c'est outrageant et sans fondement!

— Monsieur, répliqua Dumas, quand un homme comme moi traite un homme comme vous d'imbécile, vous devez le croire sur parole, que diable!

Le docteur Gistal, une célébrité médicale de France, demanda un jour à Alexandre Dumas de rédiger un quatrain dans son album souvenir. Dumas écrivit sous les yeux de son hôte qui le suivait du regard:

— *Depuis que le docteur Gistal
Soigne des familles entières,
On a démoli l'hôpital...*

— Flatteur! dit le médecin.

Alexandre Dumas ajouta au dernier vers:

— *Et l'on a fait deux cimetières…*

Une dame demanda un jour à Alexandre Dumas père, qui approchait les soixante-dix ans:

— Comment faites-vous pour vieillir aussi bien?

— C'est parce que j'y consacre tout mon temps, répondit Dumas.

Un mari cocu se lamentait auprès de Dumas d'avoir des fils maigrelets et peu doués.

— Ah! Monsieur Dumas, c'est un fils comme vous que j'aurais souhaité avoir...

— Cher ami, quand on veut avoir un fils comme moi, il faut le faire soi-même.

Le soir de la représentation du «demi-monde», de Dumas fils, Alexandre Dumas père rencontre dans l'escalier des premières loges un monsieur qui, le visage souriant, l'arrête et lui dit:

— Ah! Monsieur Dumas, vous êtes bien pour quelque chose dans le succès de ce soir?

— Pardieu! Monsieur, j'y suis pour tout!

— Comment, c'est vous qui avez écrit la pièce?

— Non, mais c'est moi qui ai fait l'auteur...

DUMAS, Alexandre, fils (1824-1895)

Un soir au théâtre, Alexandre Dumas fils était gêné par le chapeau de la dame assise juste devant lui.

— Madame, ne pourriez-vous pas enlever votre chapeau, demanda Dumas. J'ai payé ma place un louis, c'est pour voir quelque chose!

— Et moi, Monsieur, j'ai payé six louis mon chapeau, c'est pour qu'on le voie!

On comparait, un jour, devant Alexandre Dumas fils, deux demi-mondaines remarquables, l'une pour sa tête, l'autre pour un corps magnifique.

— Laquelle préférez-vous? demanda la princesse Mathilde.

— Je préfère sortir avec la première... et rentrer avec la seconde, répondit Dumas.

Alexandre Dumas fils n'avait pas moins d'esprit que son célèbre père.

À propos de confidences de femmes qu'il rece-
vait, une dame lui déclarait qu'il ne devait
jamais s'ennuyer.

— Ce n'est pas ce que les femmes vous disent
    qui est intéressant, dit-il, c'est ce qu'elles
    n'osent pas vous dire…

DUNCAN-BROWN, Madeleine (1925-   )

Lyndon B. Johnson était un amant redoutable. Il aurait eu des aventures un peu partout aux États-Unis, notamment avec une de ses partisanes, Madeleine Duncan-Brown. Cette dernière apparut devant des journalistes avec un magnifique manteau de vison, cadeau de Johnson.

— Comment avez-vous eu votre vison, Madame Brown? demanda un journaliste.

— De la même façon qu'une maman vison a son petit vison.

DUPLESSIS, Maurice (1890-1959)

Depuis Courteline et ses Messieurs les Ronds-de-cuir, *en 1893, les fonctionnaires sont la tête de turc de bien des farceurs. Ainsi, quand quelqu'un demanda un jour à Maurice Duplessis, Premier ministre du Québec, combien de personnes travaillaient au gouvernement, il répondit:*

— La moitié!

Chose étonnante, à peu près vingt ans plus tard, le pape Jean XXIII fit la même réponse à ceux qui lui demandaient combien de personnes travaillaient au Vatican.

DUPONT, Coleman (1863-1930)

Coleman Dupont, homme d'affaires et politicien américain, trouva dans sa chambre d'hôtel, à Chicago, une magnifique robe de nuit parfumée qu'une dame, juste avant lui, avait oubliée dans la chambre. Dupont convoqua le directeur et lui dit:

— Auriez-vous l'obligeance de me remplir ce vêtement et me le rapporter?

DUVERNOIS, Henri (1875-1937)

Un ami de l'auteur français Henri Duvernois se montra sévère à l'endroit de la femme de cet écrivain, reconnue pour ses infidélités.

— Décidément, cette femme n'est pas une trouvaille…

— Ma femme, répondit Duvernois, je ne saurais mieux la comparer qu'à une invention française: c'est moi qui l'ai trouvée et ce sont les autres qui en profitent.

DYSON, sir Cyril (1895-1987)

Le célèbre orfèvre britannique, sir Cyril Dyson, présidait un jour les cérémonies de remise de diplômes dans un collège de jeunes filles. Il demanda à une jolie finissante:

— Que comptez-vous faire en quittant le collège?

— J'avais pensé rentrer directement chez nous, répliqua naïvement la jeune fille.

Allais , Alphonse (1854-1905)

— La misère ne te fait donc pas peur?

— La misère a cela de bon qu'elle supprime la crainte des voleurs.

Allen, Fred (1894-1956)

— Comment aimes-tu mon nouveau chapeau?

— C'est une création qui ne se démodera jamais. Il restera ridicule année après année.

Allen, Woody (1935-)

— Tu vois un psychana-lyste?

— Oui, juste depuis quinze ans.

— Quinze ans?

— Ouais! Je lui donne encore un an, puis je m'en vais à Lourdes.

≋

— Vous êtes un amant mer-veilleux…

— C'est que je me suis beaucoup entraîné en solitaire…

≋

— Quand viendra le temps, choisirez-vous d'être incinéré?

— Je préfère l'incinération à l'enterrement, mais les deux à un week-end avec ma famille.

≋

— Est-ce que l'avenir vous inquiète?

— Nous sommes à la croi-sée des chemins. D'un côté, nous nous diri-geons vers le désespoir le plus complet; de l'autre, vers l'extinction totale. Prions Dieu d'avoir la sagesse de choisir correctement.

Alther, Lisa (1944-)

— Ma femme a décidé d'ar-rêter de chanter.

— Elle aurait dû, depuis longtemps, subir une vasectomie des cordes vocales.

Anouilh, Jean (1910-1987)

Une question de patience

— Vous auriez dû réfuter de tels propos.

— Pourquoi perdre son temps à contredire une femme? Il est beaucoup plus simple d'attendre qu'elle ait changé d'avis.

Astor, Nancy (1879-1964)

— Il me semble que nous ayons célébré votre cinquante-deuxième anniversaire il y a déjà quelques années…

— Je refuse d'admettre que j'ai plus de cinquante-deux ans; même si je dois condamner mes enfants à être illégitimes!

Backus, Jim (1913-1989)

— Mon deuxième mariage s'est révélé une très bonne affaire.

— Tu es le genre d'hommes qui doivent leurs succès à leur première femme, et leur seconde femme à leurs succès.

Barbey d'Aurevilly (1808-1889)

— Enfin, Maître, je ne vous inspire donc rien?

— Si, Madame, et un sentiment fort noble: l'horreur du péché.

≈≈

— N'avez-vous jamais eu un penchant pour l'homosexualité?

— Mes tendances me portaient à la chose, mes principes ne s'y opposaient point, mais la laideur de mes contemporains m'a dégoûté de la pratique.

Baruch, Bernard (1870-1965)

— Je crois que vous êtes plus vieux que moi.

— Je ne serai jamais vieux. Pour moi, être vieux c'est avoir quinze ans de plus que moi!

Bassompierre, François de (1579-1646)

De la vertu des jeunes filles.

— Savez-vous que ma fille a perdu sa virginité?

— Il est bien malaisé de garder un trésor dont tous les hommes portent la clef, répliqua Bassompierre.

Beaverbrook, Lord (1879-1964)

— Vous dépensez beaucoup en tableaux des grands maîtres…

— J'aime bien les vieux maîtres. Ils prennent plus de valeur que les jeunes maîtresses et… coûtent moins cher!

Beecham, sir Thomas (1879-1961)

Conseil judicieux à une violoncelliste ébahie

— Madame, vous avez entre les jambes un instrument qui peut donner du plaisir à des milliers de personnes. Tout ce que vous avez à faire, c'est de le gratter gentiment…

Bennet, Alan (1934-)

— Il est socialiste, mais n'aime pas les étrangers.

— Moi non plus!

— Toi, tu es conservateur, tu n'es pas obligé…

Benny, Jack (1894-1974)

— Qu'as-tu fait pour mériter cette décoration?

— Je ne la mérite pas… mais je souffre d'arthrite et je ne le mérite pas non plus.

Bergson, Henri (1859-1941)

Bon anniversaire, cher philosophe

— Vous n'avez pas 80 ans, Maître, mais quatre fois vingt ans…

— Pourquoi pas 20 fois 4 ans?

Bernard, Tristan (1866-1947)

Dans une soirée très huppée, un invité interpelle Bernard:

— Il y a beaucoup d'homosexuels, ici ce soir…

— Ils ont beau ne pas se reproduire, on en rencontre d'année en année davantage.

🐜🐜

Quand vient le temps de payer ses impôts

— Je fais la charité, mais le fisc ne le reconnaît pas toujours.

— Qui donne aux pauvres, prête à Dieu. Qui donne à l'État prête à rire!

🐜🐜

— Me prenez-vous pour un imbécile?

— Non, mais je peux me tromper.

Bernhardt, Sarah (1844-1923)

À la sortie des artistes

— Qu'attendent donc tous ces gens?

— Ils attendent Madame Berthe Cerny…

— Alors, ce doit être pour la gifler.

Brooks, Mel (1927-)

— Quel est ton signe astrologique?

— Désolé, il n'est pas dans l'annuaire…

Brissac, duc de (1550-1621)

Pris en flagrant délit chez la maîtresse d'un comte, de Brissac se fait apostropher:

— Sortez, Monsieur!

— Monseigneur, vos ancêtres auraient dit: Sortons!

Buffet, Warren (1931-)

— Vous avez à peu près raison…

— Il vaut mieux avoir quasiment raison que d'être précisément dans l'erreur.

Burton, Robert (1577-1640)

— Tout a été dit qui devait être dit. Les poètes pigent chez Homère…

— Mais c'est souvent le dernier qui le dit qui le dit le mieux.

Capp, Al (1909-1979)

— Il semble que vous n'appréciez pas beaucoup l'art abstrait…

— L'art abstrait? C'est une œuvre produite par une personne sans talent, vendue par un individu sans scrupule à un snob complètement détraqué.

Capus, Alfred (1858-1922)

— Nous devons reconnaître que cet ami commun a bien réussi…

— Oui, je vous l'accorde, il est arrivé. Mais dans quel état!

≥≤

— Quel âge avez-vous?

— Cela, Madame, dépend de vos intentions…

Carson, Johnny (1925-)

Quand les hommes forts s'en mêlent

Monsieur Univers:

— N'oubliez pas, Monsieur Carson, que votre corps est la seule maison que vous devrez habiter toute votre vie…

Johny Carson:

— J'avoue que ma maison n'est pas très bien tenue. Mais j'ai une femme qui vient chaque semaine y mettre de l'ordre.

Cartier, Éric (1933-)

— Vous avez l'air vraiment bien conservé pour votre âge…

— Merci beaucoup.

— Au fait, pourriez-vous me donner l'adresse de votre embaumeur?

Chamfort, Sébastien Roch Nicolas

— Monseigneur avait, pour exprimer le mépris, une formule favorite: «C'est l'avant-dernier des hommes.»

— Pourquoi l'avant-dernier?

— Pour ne décourager personne.

Chesterton, G.K. (1874-1936)

— Pourtant, la Bible nous dit d'aimer nos voisins…

— Elle nous dit aussi d'aimer nos ennemis… probablement parce que ce sont les mêmes!

Churchill, Winston (1874-1965)

— Monsieur Clement Atlee est un homme très réservé, ne pensez-vous pas?

— C'est un homme extrêmement modeste… et qui a toutes les raisons de l'être.

Coward, Noël (1899-1973)

— Tous les hommes sont pareils.

— Sauf quelques-uns qui le sont plus que d'autres.

Curnonsky, Maurice Edmond Saillant, dit, (1872-1956)

Le moral d'un âge avancé

— Votre moral est bon?

— Le moral, ça va encore. C'est plutôt… l'immoral qui m'inquiète.

≫≪

Les inconvénients de l'âge prostatique

— Je me lève plusieurs fois la nuit pour uriner, mais c'est tout à fait normal, à mon âge.

— C'est que ton appareil est de moins en moins génital et de plus en plus urinaire.

Dev, André (1928-)

Des avocats qui ont de la tenue

— Je porte toujours la toge au tribunal.

— Je sais pourquoi vous, les avocats, portez la robe: pour pouvoir mentir aussi bien que les femmes.

Dodd, Ken (1931-)

— Pourquoi avoir choisi Honolulu comme lieux de vacances?

— Parce qu'il y a tout ce que vous désirez: du sable pour les enfants, du soleil pour mon épouse et les requins pour la belle-mère.

Douglas, Norman (1931-)

— Je vous écrirai.

— Vous, les éditeurs, vous êtes comme des épouses, vous préférez toujours quelqu'un d'autre…

Dumas, Alexandre (1802-1870)

Tel père tel fils

— Dumas père: Il serait grand temps que tu prennes femme…

— Dumas fils: La femme de qui?

Einstein, Albert (1879-1955)

— Vous ne dormez pas assez.

— D'accord, je ne dors pas longtemps, mais je dors vite!

≈≈

— J'ai bien du mal à comprendre ce que vous entendez par la «relativité»…

— Quand un homme s'assoit près d'une belle fille durant une heure, cela lui semble durer une minute. Quand il s'assoit sur un poêle brûlant durant une minute, cela lui semble une heure. C'est ça la relativité!

Elgozy, G. (1916-1998)

— Je vous donne ma parole d'honneur.

— Si vous me la donnez, c'est qu'elle ne vaut pas grand-chose…

Favalelli, Max (1905-)

— Comment pouvez-vous critiquer ma pièce, alors que vous êtes incapable d'en écrire une vous-même?

— Croyez-moi, je n'ai jamais non plus pondu un œuf de ma vie. Et pourtant, je m'estime plus qualifié qu'une poule pour juger de la qualité d'une omelette.

Feydeau, Georges (1862-1921)

— Votre pièce est beaucoup trop longue. Il faudra pratiquer de nombreuses coupures.

— Très volontiers. Combien de pages voulez-vous que je coupe?

— Mon Dieu, une vingtaine.

— Parfait. Dites aux comédiens de commencer à la page 21.

Fonda, Henry (1905-1982)

— Qu'est-ce que tout jeune acteur devrait savoir?

— Comment devenir un vieil acteur.

Frost, Robert (1874-1963)

— J'ai été choisi pour faire partie d'un jury. Je me demande bien quel rôle je devrais jouer…

— Déterminer qui est le meilleur avocat.

Fussel, Paul (1920-)

— Passez une bonne journée!

— Non merci, j'ai d'autres plans.

Gabin, Jean (1904-1976)

À New York, durant la Seconde Guerre mondiale, un journaliste interpelle Jean Gabin.

— Quelle est l'attitude des Français à l'égard des Anglais?

— Nous sommes à la fois pro-British et anti-British. Ceux qui sont pro-British, le soir avant de s'endormir, invoquent le Seigneur en ces termes: «Mon Dieu, faites que les valeureux Anglais remportent une victoire rapide.» Ceux qui sont anti-British disent: «Mon Dieu, faites que ces satanés Anglais soient bientôt victorieux…»

Gabor, Zsa Zsa (1919-)

— Je crains que mon mari m'abandonne.

— Un mari, c'est comme un feu de foyer, il refroidit si on ne s'en occupe pas.

Galtier-Boissière, Jean (1891-1966)

Un regard «considérable»

— Eh bien! Monsieur, quand aurez-vous fini de me considérer?

— Je vous regarde, Madame, mais je ne vous considère pas.

Giolitti, Giovani (1842-1928)

Pays ingouvernable

— Dites-moi, est-ce vraiment si difficile de gouverner l'Italie?

— Non, pas du tout. Mais c'est complètement inutile!

Grimm, Melchior, baron de (1723-1807)

— Méfiez-vous, je suis rusée…

— Ah, madame, c'est simplement un «r» que vous vous donnez!

Guilbert, Yvette (1867-1944)

— Mais vous paraissez beaucoup plus jeune qu'on le prétend…

— Que voulez-vous, je suis si paresseuse que je ne fais même pas mon âge!

Guitry, Lucien (1860-1925)

— Il ne faut pas frapper un ennemi quand il est à terre.

— Bon. Mais alors, quand?

Guitry, Sacha (1885-1957)

— Je t'aime Sacha, et toi?

— Moi aussi je m'aime!

≈≈

Propos de coulisses à la création de la pièce «Le Soulier de satin» de Paul Claudel.

— La pièce était prévue à l'origine pour durer neuf heures. Elle a été raccourcie à cinq heures.

— Heureusement qu'il n'y avait pas la paire!

Harper, Lucille S. (1912-2001)

— Tu sembles te complaire dans ton égoïsme.

— Ce qu'il a de bon avec les égoïstes, c'est que nous ne parlons jamais des autres.

Hirsch, Robert (1925-)

Lente sénescence

— Cette comédienne doit bien avoir au moins cinquante ans…

— Plus les matinées…

Hitchcock, Alfred (1899-1980)

— Profession?

— Producteur.

— Vous produisez quoi?

— De la chair de poule.

Hopper, Hedda (1890-1966)

Commentaires aux funérailles du producteur Harry Cohn.

— Il est venu beaucoup de monde.

— Il faut maintenant faire la queue pour venir le détester…

Howe, Edgar Watson (1853-1937)

— Je trouve que nous dépensons trop en publicité.

— Faire des affaires sans publicité, c'est comme peloter une fille dans le noir: vous savez ce que vous faites, mais personne d'autre ne le sait.

Icahn, Carl (1942-)

— En affaires, on a toujours besoin d'un ami.

— Si je voulais un ami en affaires, je m'achèterais un chien.

Jeanson, Henri (1900-1970)

— Vous avez aimé la pièce?

— Non. C'était si exécrable que même les acteurs partaient avant la fin.

Johnson, Samuel (1704-1784)

— Vous dites à tout le monde que je suis ennuyeux.

— Non seulement vous êtes ennuyeux, mais vous êtes aussi la cause de l'ennui des autres.

Keate, Stuart (1913-1987)

— Que faut-il retenir du Canada?

— Ça ressemble à une vichyssoise: c'est froid, à moitié français et imbuvable.

Kennedy, John F. (1917-1963)

— Pourquoi tenez-vous tant à devenir président?

— Est-ce que vous réalisez la responsabilité que je porte? Je suis la seule personne entre Nixon et la Maison-Blanche.

Kraus, K. (1874-1936)

— Il se dit journaliste, mais il n'a jamais exprimé la moindre idée!

— Ne pas avoir d'idées et savoir les exprimer: c'est ce qui fait le journaliste.

Labiche, Eugène (1815-1888)

En visite chez son fils

— Ici, c'est la chambre à coucher…

— Mon Dieu! Comme vous avez un grand lit! Vous comptez recevoir?

Landru, Henri Désiré (1869-1922)

— Alors, Landru, Dieu existe-t-il?

— Monsieur le curé, vous n'êtes pas sérieux. Je vais mourir et vous me posez des devinettes!

La Popelinière, Joseph de (1692-1762)

— Il me semble vous avoir vu quelque part…

— C'est possible, madame, j'y suis allé quelques fois.

Law, Roger (1895-1976)

— Vous n'avez pas l'air d'avoir apprécié mon film…

— Je vais au cinéma pour me divertir… non pour assister à des viols, des actes de sodomie ou des bains de sang. Nous avons tout cela à la maison!

Lee, Gypsy Rose (1914-1970)

— J'aimerais connaître mon père biologique.

— Tu descends d'une lignée de géniteurs couchés sur une liste tenue par ta mère.

Leher, Tom (1928-)

— Quel âge avez-vous?

— Quand Mozart avait mon âge, il était déjà mort depuis plusieurs années.

Levant, Oscar (1906-1972)

— Vous connaissez Doris Day depuis longtemps?

— Je l'ai connue avant qu'elle soit vierge.

Liliencron, Detlev, von (1844-1909)

— Quand pensez-vous pouvoir me payer?

— Je suis désolé, je n'ai pas d'argent. Soyez patient.

— Mais c'est ce que vous m'avez dit, il y a déjà plus d'un mois.

— Alors? Vous voyez bien que j'ai tenu parole.

Lowry, Mary (1882-1964)

— J'ai quelque chose de très intéressant à vous raconter....

— Pour moi, les gens commencent à être intéressants quand ils cessent de parler.

Marx, Groucho (1895-1977)

— Ça ne vous ennuie pas d'être grand-père?

— Pas du tout. Ce qui m'ennuie, c'est d'être marié à une grand-mère.

≽≼

— En Amérique, est-ce que les patrons des grandes chaînes de télévision subissent des pressions lorsque vous attaquez les politiciens?

— En Amérique, vous pouvez aller à la télévision et vous moquer des politiciens, mais les politiciens aussi peuvent aller à la télévision et se moquer de vous!

≽≼

— Nous serions très heureux de vous accueillir dans notre club.

— Je ne ferai jamais partie d'un club qui accepte des gens de mon espèce!

Maugham, William Somerset (1874-1965)

— Le monde est beaucoup trop attaché à l'argent.

— C'est comme un sixième sens, si tu ne le possèdes pas, tu ne peux pas jouir des cinq autres.

Mayer, Tony (1916-)

Rencontre fortuite

— Vous êtes libre pour dîner ce soir?

— Mon Dieu, oui, pourquoi pas?

— Au petit-déjeuner, moi, je prends du café. Et vous?

Menken, H.L. (1880-1956)

— Vous n'allez donc jamais à l'église?

— Non. C'est un endroit où ceux qui ne sont jamais allés au ciel en parlent comme s'ils y avaient déjà été à des gens qui n'y iront jamais.

≽≼

— On devrait être plus sévère envers les femmes qui trompent leur mari…

— Allons donc! L'adultère, c'est la démocratie appliquée à l'amour!

Milligan, Spike (1918-)

— Bonjour, Monsieur! Je m'appelle Neddy Seagoon…

— Quelle mémoire vous avez!

Mirande, Yves (1875-1957)

Supplique épistolaire

— «Cette lettre a pour but de vous sommer de rompre toute relation avec mon épouse.»

— «Monsieur, j'ai bien reçu votre circulaire…»

Monselet, Charles (1825-1888)

Chroniqueur et gastronome

— C'est un très vieux vin. Comment le trouvez-vous?

— Je trouve la bouteille bien petite pour son âge.

Morecombe, Eric (1926-1984)

— Elle est une bien jolie fille… J'aimerais bien l'épouser, mais sa famille s'y objecte.

— Sa famille?

— Oui, son mari et ses quatre enfants.

❧

— Quand je suis né, mon père fut très déçu.

— Pourquoi? Il désirait une fille?

— Non, il voulait divorcer!

❧

— Ma femme a menacé de me laisser si je n'abandonne pas le golf.

— C'est triste!

— Je sais! Elle va beaucoup me manquer…

Moreno, Marguerite (1871-1948)

— Est-ce que les gens maigres ont de l'esprit?

— Oui, mon gros!

Murphy, Maureen (1955-)

— Il devrait y avoir plus de femmes en politique…

— Elles ne viennent pas en politique parce qu'il est

trop pénible d'avoir deux faces à maquiller chaque matin.

Nash, Ogden (1902-1971)

— Le progrès semble vous effrayer.

— Le progrès aurait pu être une chose utile, une fois pour toutes, mais il s'est poursuivi beaucoup trop longtemps.

O'Malley, Austin (1858-1932)

— J'ai toujours compris que Dieu était du côté des riches.

— Au contraire! Je crois que Dieu montre son mépris pour la richesse par le choix qu'il fait du genre de personnes qu'il favorise.

Orben, Robert (1927-)

— Je vis une dure période de stress…

— Évite les moments d'excitation et passe davantage de temps auprès de ton épouse.

Orléans, Philippe d' (1674-1723)

Les protestations d'un mari trompé

— Voyons, Monsieur, vous n'êtes pas raisonnable. Mettez-vous à ma place

— Mais c'est bien ce que je fais, mon ami!

Palmieri, Victor H. (1930-)

Au Conseil d'administration

— À la suite de l'adoption de nos nouvelles stratégies, quelqu'un aurait-il quelque chose à ajouter?

— Même un enfant trouverait que nos stratégies approuvées au Conseil d'administration sont vouées à la faillite. Le problème c'est qu'il n'y a jamais d'enfant au conseil.

Parker, Dorothy (1893-1967)

— Je veux vous épouser. Je veux que vous soyez la mère de mes enfants

— Combien en avez-vous?

Perrier, François (1919-)

Riposte de coulisse

Louis Jouvet:

— Si Molière voyait ton Don Juan, il se retournerait dans sa tombe.

François Perrier:

— Comme vous l'avez joué avant moi, ça le remettrait en place!

Pierce, Charles (1839-1914)

— J'appréhende le jour où je devrai annoncer à ma mère que je suis homosexuel.

— Crois-moi, mieux vaut être un Noir qu'un homosexuel, parce que lorsque tu es Noir tu n'es pas obligé de le dire à ta mère.

Renard, Jules (1864-1910)

— Est-ce que vous êtes marié?

— Non, Madame… je n'ai pas encore trouvé. Alors je vis sur la communauté.

Richelieu, Louis François Armand, Maréchal de (1696-1788)

Une lune de miel à 80 ans

— Comment avez-vous pu vous sortir d'un exercice aussi difficile?

— Le plus difficile n'était pas d'en sortir…

Rossini, Gioacchino (1792-1868)

— J'ai lu quelque part que vous êtes né quelque mois seulement après le mariage de vos parents…

— Oui, et cela m'a servi de leçon. Je ne suis plus jamais arrivé en avance à un rendez-vous.

Scholl, Aurélien (1833-1902)

— Est-ce que vous comptez vous venger de cette femme?

— Quel besoin de se venger d'une femme? La nature s'en charge: il n'y a qu'à attendre.

Scott, Elledge (1908-1982)

— Vous avez donc décidé de prendre votre retraite?

— Le temps est venu pour moi de laisser la place aux moins expérimentés et aux moins qualifiés.

Shaw, George Bernard (1856-1950)

— Dans votre jeunesse, avez-vous milité au Parti communiste?

— Celui qui n'est pas communiste à vingt ans n'a pas de cœur; celui qui l'est encore à quarante n'a pas de tête.

≈≈

— On dit partout que vous êtes très exigeant pour

ceux qui interprètent vos pièces.

— Je n'exige jamais des acteurs et des actrices qu'ils comprennent mes pièces. Cela n'est pas nécessaire. Qu'ils prononcent correctement les mots qu'ils ont à dire et je garantis le succès.

Stander, Lionel (1908-)

— Je trouve que tu vis au-dessus de tes moyens...

— Celui qui vit selon ses moyens manque d'imagination!

Steinem, Gloria (1934-)

— Qu'est-ce qu'une femme vraiment libérée?

— C'est celle qui a des expériences sexuelles avant le mariage, et un job après.

Swift, Jonathan (1667-1745)

— Comment allez-vous?

— Comme un savon: toujours en diminuant!

Tailhade, Laurent (1854-1919)

— Que pensez-vous de cet ami poète?

— Quel homme charmant! Courtois, distingué, généreux et d'une honnêteté scrupuleuse... Je sais bien qu'il y a ses poèmes mais, que voulez-vous, personne n'est parfait.

Thomas, Dylan (1914-1953)

— Vous m'accusez d'être alcoolique... C'est un peu fort! Qu'est-ce que c'est, pour vous, un alcoolique?

— C'est quelqu'un que je n'aime pas et qui boit autant que moi!

Twain, Mark (1835-1910)

— Mon mari vient de mourir...

— Je n'assisterai pas à ses funérailles, mais j'enverrai un mot pour dire que je suis totalement d'accord.

Vieuville, Marquis de (1605-1680)

Un toast Nord-Sud

— Je lève mon verre au beau sexe des deux Hémisphères!

— Et moi, je bois aux deux hémisphères du beau sexe.

Voltaire (1694-1778)

Madame de Villeneuve montrait une gorge que les années avaient défraîchie, alors que le regard de Voltaire demeurait pointu.

— Comment! dit elle, songeriez-vous encore à ces petits coquins?

— Petits coquins, Madame? Ah! dites plutôt de grands pendards...

Waugh, Evelyn (1903-1966)

— J'ai rencontré un garçon qui a beaucoup de savoir-vivre.

— Seuls les gens ennuyeux se doivent d'avoir de belles manières.

Wilde, Oscar (1854-1900)

Pour éviter la fouille aux douanes

— Qu'avez-vous à déclarer?

— Je n'ai rien à déclarer, sauf mon génie!

Willy, Henri Gauthier-Villard (1859-1931)

Méfiez-vous des peintres du dimanche

— J'ai choisi de faire dans l'abstrait.

— Tes dessins sont aussi impénétrables que ceux de la Providence...

≋

— Tu n'as pas idée, mon pauvre vieux. Ma femme a couché avec toute la ville!

— Oh! Une si petite ville...

Woolcott, Alexander (1887-1943)

— Comment avez-vous aimé la pièce?

— Le décor était magnifique, mais les acteurs ont tout gâché en le cachant...

Young, Dean (1955-)

— Ma femme a perdu sa carte de crédit.

— C'est terrible!

— Pas vraiment! Le voleur dépense moins que ma femme...

EDISON, Charles (1890-1969)

Charles Edison, politicien américain et fils du célèbre inventeur, Thomas Alva Edison, chercha à se démarquer de la réputation de son célèbre père. Durant une campagne électorale, en 1940, il s'adressa à son auditoire en ces termes:

— Je ne veux pas que vous pensiez que je cherche à utiliser le nom de mon père... Je ne suis, en fait, que le fruit de sa plus récente expérience.

EINSTEIN, Albert (1879-1955)

Au cours d'une conférence, à Paris, à la Sorbonne, au début des années vingt, le célèbre physicien Albert Einstein, qui était juif allemand, s'adressa à l'assemblée en ces termes.

— Si ma théorie de la relativité se révèle exacte, l'Allemagne me proclamera citoyen allemand et la France citoyen du monde. Mais si ma théorie est fausse, la France soutiendra que je suis Allemand et l'Allemagne dira que je suis juif.

EISENHOWER, Dwight (1890-1969)

Quelques mois après la fin de son dernier mandat comme président des États-Unis, Eisenhower accorda une entrevue à des journalistes. L'un d'eux lui demanda:

— Le fait de quitter la Maison-Blanche a-t-il affecté votre performance au golf?

— Oui! répliqua Eisenhower, je dirais qu'il y a beaucoup plus de joueurs qui, maintenant, ne se gênent pas pour me battre!

ÉLISABETH de Bavière, reine des Belges (1876-1965)

Élisabeth de Belgique, épouse du roi Albert Ier, se rendit en 1956 en visite à Varsovie. Le chef du protocole polonais l'accompagna à la messe. À l'issue du service religieux, elle demanda au fonctionnaire du régime communiste.

— Dites-moi, êtes-vous catholique?

— Croyant, mais non pratiquant, répliqua le chef du protocole.

— Sans doute parce que vous êtes d'abord un communiste? lui dit-elle.

— Pratiquant, Votre Majesté, mais non croyant...

ELMAN, Mischa (1891-1967)

Le célèbre violoniste russe Mischa Elman se préparait pour son concert, lorsqu'un individu fit irruption dans sa loge.

— Monsieur Elman, nous sommes parents! lui dit l'homme. La tante de votre femme a épousé l'oncle de l'ex-épouse du premier mari de ma deuxième femme…

— Moi, je veux bien... répliqua Elman, mais je ne crois pas que nous soyons assez proche parents pour que je vous donne un billet gratuit pour le spectacle de ce soir.

ERSKINE, John (1879-1951)

Quelqu'un demanda, un jour, à John Erskine, professeur d'anglais à l'Université Columbia.

— Perdez-vous votre concentration lorsque, pendant un cours, les élèves consultent leur montre?

— Pas vraiment, répondit Erskine, sauf lorsqu'ils secouent leur montre et la portent à l'oreille pour s'assurer qu'elle marche encore.

FAGIUOLI, Giovanni Battista
(1660-1747)

Fagiuoli, poète de la cour du Grand-duc de Toscane Cosme III (apparenté aux Medicis et à la cour de France), était également le bouffon du noble personnage.

Un jour, il présenta une liste de noms à son maître.

— Que signifient ces noms? demanda le grand-duc.

— C'est une liste des fous que je connais…

— Mais, répliqua le seigneur, mon nom figure en tête de liste!

— Votre Majesté, c'est parce qu'hier vous avez demandé à ce botaniste en Angleterre de vous apporter une collection de plantes rares et… que vous l'avez payé d'avance!

— Je ne vois rien de fou à cela. Supposons qu'il me livre ces plantes, tel que convenu?

— Dans ce cas, répliqua Faginoli, j'effacerai votre nom pour mettre le sien à la place…

FAURÉ, Gabriel Urbain (1845-1924)

On demanda à Gabriel Fauré, compositeur français du XIXe siècle, quel était le tempo idéal pour une chanson. Il répondit:

— Si le chanteur est mauvais... très très vite!

FERNANDEL, Fernand Contandin, dit (1903-1971)

Le célèbre comédien français Fernandel se présenta un jour chez un nouveau coiffeur.

Le figaro, anxieux de satisfaire ce célèbre client, s'empressa une fois la coupe terminée, de lui présenter un miroir. Fernandel examina l'arrière de sa tête et, avec son sourire chevalin, déclara:

— Juste un peu plus long en arrière, s'il vous plaît.

FEYDEAU, George (1862-1921)

Assis à la terrasse d'un café, George Feydeau, auteur de pièces de boulevard à succès, discute avec Lajeunesse, un de ses collègues, de la vie privé d'un ami.

— Il n'est bon qu'à être cocu, ce type-là… dit Lajeunesse.

— Lui? répliqua Feydeau,… Et encore, il faut que sa femme l'aide!

Georges Feydeau se montra un jour fort impatient envers un ami qui n'en finissait plus de vanter les vertus de son fils alors que, pendant ce temps, son épouse était reconnue pour ses infidélités.

— Mon fils est si dévoué et si affectueux, dit le père, qu'il est toujours sous les jupes de sa mère.

— Il doit y rencontrer beaucoup de monde… murmura Feydeau.

Un jour, au restaurant, un serveur apporta à Georges Feydeau un homard avec seulement une pince. Feydeau protesta avec force. Le serveur tenta une explication:

— Vous comprendrez, cher Monsieur, que les homards se battent dans l'aquarium et que ces bagarres causent toutes sortes de mutilations.

— Alors, ordonna, Feydeau, enlevez-moi celui-ci et rapportez-moi le vainqueur!

Rentrant dans une auberge pour prendre un café, Georges Feydeau demanda à la servante:

— Dites-moi, est-ce que vous avez de la chicorée à la maison?

— Oui, monsieur.

— Eh bien, apportez-moi tout ce que vous avez.

La servante revient avec tous les paquets de chicorée.

— C'est tout ce que vous avez dans l'auberge? demanda Feydeau.

— Oui, monsieur.

— Eh bien, maintenant allez et préparez-moi un bon café.

Un journaliste était un jour en train d'acheter, chez un libraire, l'exemplaire d'un livre intitulé: Comment devenir riche *lorsque Georges Feydeau s'approcha du rédacteur et lui souffla:*

— Je te conseille d'acheter en même temps le Code pénal...

Un jeune confrère de Feydeau exhiba une lettre qu'il brandissait avec une vive satisfaction.

— Qu'est-ce que c'est? demanda le dramaturge.

— Une lettre de ma maîtresse...

— Adressée à qui?

FIELD, John (1782-1837)

Les amis de John Field, l'un des grands pia-
nistes britanniques du XIXe siècle, qui se trou-
vaient à son chevet lors de son agonie, crurent
bon de faire venir un membre du clergé, même
s'ils ignoraient à quelle religion appartenait le
moribond.

— Es-tu papiste ou calviniste, lui demandè-
rent-ils.

— Je suis... pianiste, répondit l'artiste en
mourant.

FIELDS, W.C. (1879-1946)

Un jour, quelqu'un demanda à W.C. Fields, acteur américain et ivrogne invétéré, comment malgré ses mauvaises habitudes il avait pu réussir à garder une si bonne santé. Il répondit tout simplement:

— Grâce à ma tempérance. Je n'ai ni bu d'alcool ni fumé le cigare avant l'âge de neuf ans...

Un lendemain de fête, W.C. Fields, acteur de cinéma et comédien américain, se leva avec un terrible mal de tête.

— Dois-je vous préparer un *Bromo Seltzer*, Monsieur? demanda le barman.

— Non, grogna Fields, je ne peux pas supporter le bruit!

FIELD, Marshall III (1893-1956)

Dès son jeune âge, Marshall Field III, fondateur du journal Chicago Sun, *démontra la même finesse d'esprit que son grand-père.*

F

Laissé seul pour une demi-heure dans le hall de l'hôtel, le jeune Marshall s'approcha d'une vieille dame et lui demanda si elle était capable de casser des noix.

— Non, mon petit. Il y a plusieurs années que j'ai perdu toutes mes dents...

Le jeune Field, lui tendant ses deux mains remplies de noix de pacane, lui demanda alors:

— Auriez-vous la gentillesse de tenir celles-ci pendant que je vais en chercher d'autres?

FOCH, Ferdinand (1851-1929)

Lors d'une visite aux États-Unis, le maréchal Foch était escorté par un colonel américain qui l'emmena voir le Grand Canyon. Le héros militaire français contempla pensivement les profondeurs du gouffre, recula d'un pas et dit:

— Quel merveilleux endroit pour laisser tomber sa belle-mère!

Un Américain se plaignait au maréchal Foch de la politesse peut-être trop élaborée des Français de cette époque.

— Ce n'est rien d'autre que de l'air… dit le Yankee d'un air cynique.

— Il n'y a rien d'autre que de l'air dans un pneu, répondit Foch, et, pourtant, ça rend la conduite d'une auto bien plus douce et plus agréable…

FONTENELLE, Bernard le Bovier de (1657-1757)

Un ami se rend un jour chez l'écrivain et philosophe français Fontenelle, alors âgé de 97 ans, pour lui souhaiter un joyeux anniversaire:

— Je vous souhaite, dit-il, de vivre jusqu'à cent ans...

— De grâce, répondit Fontenelle, ne fixez pas de limite à la bonté de Dieu. Vous allez me porter malheur!

(Fontenelle vécut effectivement jusqu'à cent ans.)

Une dame reçoit Fontenelle de très bonne heure, le matin, et l'accueille en déshabillé.

— Je m'excuse, dit-elle, mais c'est pour vous que je me lève!

— Oui, répliqua Fontenelle, mais quand vous vous couchez, c'est pour un autre!

Alors qu'il avait près de cent ans, Fontenelle tenta un jour de ramasser l'éventail qu'une dame avait laissé tomber.

Comme elle s'avançait pour l'aider, il s'exclama:

— Ah! si seulement j'avais encore quatre-vingt ans!

FONTEYN, dame Margot (1919-1991)

Un soir que Miss Margot Fonteyn, célèbre balle-rine britannique, assistait avec des amis à un spectacle de danseurs noirs au Bal Nègre à Paris, l'un d'eux l'invita à danser. Comme elle pouvait difficilement refuser, elle se leva et essaya nerveusement de suivre le rythme et les mouvements syncopés de son partenaire. Ils firent une fois le tour de la salle et il la ramena à sa table en lui disant:

— Vous êtes une jolie fille, mais c'est malheureux que vous ne sachiez pas danser...

FOOTE, Samuel (1720-1777)

L'acteur et écrivain britannique Samuel Foote se trouvait un jour parmi un groupe de personnes qui passaient des commentaires élogieux sur une dame qui venait de contracter un heureux mariage après des années d'une vie tumultueuse.

— Elle a même raconté à son mari, dit quelqu'un, toutes les aventures amoureuses qu'elle a eues avant son mariage.

— Quelle franchise! Quel courage! commenta quelqu'un.

— Mais surtout... Quelle mémoire, répliqua Foote.

Un membre de la Cour royale se plaignait à Samuel Foote d'avoir été lancé par la fenêtre d'un deuxième étage parce qu'il trichait aux cartes.

— Ne jouez pas si haut... lui conseilla Foote.

FORAIN, Jean-Louis (1852-1931)

Le peintre, dessinateur et graveur français du XIXe siècle Jean-Louis Forain se mourait et son médecin n'en finissait plus de l'examiner.

— Vous savez, Monsieur Forain, je vous trouve en bien meilleur état qu'hier. Vous n'avez plus de température, le pouls est régulier et votre tension est absolument normale...

— Oui, en somme, conclut Forain, je meurs guéri...

FORD, Gérald R. (1913-   )

Le 38ᵉ président des États-Unis, Gérald R. Ford, jouait au golf avec la vedette de hockey, Gordie Howe.

Au 12ᵉ trou, Howe accorda un coup roulé de deux pieds à son distingué adversaire. Mais Ford insista pour jouer et rata le coup.

— On ne va pas en tenir compte, dit généreusement Howe.

Pointant les journalistes et les hommes des Services secrets à l'autre bout du vert, Ford répondit:

— Peut-être pas vous, mais eux, ils vont en tenir compte…

FRANCE, Anatole (1844-1924)

Une dame se plaignait un jour à Anatole France de la difficulté pour une femme de choisir un mari.

— En effet, ce n'est pas facile pour une femme de choisir, répondit Anatole France. Avec un homme aimé des femmes, elle n'est pas tranquille. Avec un homme que les femmes n'aiment pas, elle n'est pas heureuse...

FRANKLIN, Benjamin (1706-1790)

Un jour, à Paris, alors qu'il jouait aux échecs avec la duchesse de Bourbon, Franklin mit le «roi» de cette dernière en échec et enleva la pièce du jeu.

— Ce n'est pas une façon de jouer, dit la duchesse. Vous ne pouvez pas retirer le roi du jeu!

— Mais nous, en Amérique, nous le faisons.

FRANCO, Francisco (1892-1975)

Francisco Franco, le dictateur espagnol que l'on appelait El Caudillo, *gisait sur son lit de mort lorsque son aide de camp vint lui annoncer que le général Garcia désirait venir lui dire au revoir.*

— Pourquoi, Garcia s'en va-t-il en voyage? demanda le Caudillo.

FRANK, Alphonse (1897-1973)

Un jour, à Paris, le directeur du théâtre Édouard VII, Alphonse Frank, reçut une lettre du colosse et violent directeur du journal, Le Matin, *Alfred Edwards.*

F

— La prochaine fois que je vous rencontre, écrivait Edward, je vous flanque mon pied au derrière...

— Monsieur, répondit Frank, j'ai bien reçu votre lettre, et je l'ai mise aussitôt en contact avec la partie intéressée.

FRÉDÉRIC II (1712-1786)

Frédéric II, dit Frédéric-le-Grand, roi de Prusse, visitait un jour la prison de Berlin. Tous les prisonniers s'agenouillaient devant lui, protestant de leur innocence. Seul un homme demeurait silencieux et à l'écart. Le monarque l'interpella:

— Hé! vous, là-bas… Pourquoi êtes-vous ici?

— Vol à main armée, Votre Majesté.

— Êtes-vous coupable?

— Oui, en effet, Votre Majesté. Je mérite totalement ma peine.

Le roi appela le gardien.

— Garde… Relâchez immédiatement ce malheureux coupable. Je ne peux le laisser dans cette prison, où il pourrait corrompre tous les gens innocents qui s'y trouvent.

FRÉDÉRIC-AUGUSTE 1er, le Juste (1806-1877)

Le barbier du roi avait une forte propension pour la dive bouteille, tout comme le roi lui-même du reste. Un jour qu'il était en train de raser le monarque, le figaro, entre deux vins, fit une profonde entaille à la joue de son maître.

— Aïe! Aïe! Aïe! Tout ça… à cause de ce maudit alcool! lança le roi.

— En effet Sire, l'alcool a plutôt tendance à dessécher la peau…

FRISCO, Joe (1891-1958)

Une nuit, le comédien américain Joe Frisco était assis au bar d'une petite auberge champêtre. Il regardait fixement une magnifique tête de chevreuil accrochée au mur, derrière le bar. Frisco s'adressa à son voisin et lui dit:

— Dis-donc... ce chevreuil, là... il devait courir drôlement rapidement pour passer à travers le mur...

FULLER, Margaret (1810-1850)

Un jour, Margaret Fuller, auteur et philosophe américaine, fut interpellée par une amie qui remarqua qu'elle portait des gants de chevreau.

F

— De la peau de bête... dit la dame avec dégoût.

— Et vous, que portez-vous? demanda Miss Fuller.

— De la soie, voyons...

— Pouah! des sécrétions de vers... C'est affreux! répliqua Margaret Fuller sur un ton de dégoût.

GABOR, Zsa Zsa (1919-   )

Un jour, un magazine féminin posa la question suivante à quelques femmes bien connues: Quelle est la première chose que vous remarquez chez une femme?

— Sa manière de parler, répondit Agatha Christie.

— Ses mains, dit Maria Callas.

— Son mari, répondit Zsa Zsa Gabor.

Une amie déclara, un jour, à Zsa Zsa Gabor, une comédienne américaine qui se voulait vaguement sulfureuse et qui venait de s'engager dans son septième mariage:

— Il semble bien qu'il ne soit pas facile de rendre un mari heureux…

— En tout cas, répondit Gabor, il est presque impossible de rendre heureux son propre mari. C'est infiniment plus facile avec le mari d'une autre…

Zsa Zsa Gabor avait deux sœurs également remarquables par leur manière de mettre leurs personnalités en valeur.

Un jour, quelqu'un lui demanda qui, de la famille, était la plus âgée:

G

— Elle ne l'avouera jamais, répondit Zsa Zsa... mais c'est maman.

GATTI-CASAZZA, Giulio (1869-1940)

Alors qu'il était directeur général du Metropolitan Opera de New York, Gatti-Casazza entendit en audition un ténor plutôt médiocre. Il tenta de décourager le chanteur en des termes polis.

— Je crois seulement, dit-il, que vous n'êtes pas prêt à chanter au «Met».

— Comment ça, «pas prêt»! Vous saurez, Monsieur, répliqua le ténor, que la Scala de Milan, à l'époque où j'y étais, a jugé bon d'assurer ma voix pour 50 000 dollars…

— Oh! J'espère que la Scala a bien utilisé l'argent qu'elle a reçu!

GAULLE, Charles de (1890-1970)

Lorsque Jacques Soustelle fut nommé gouverneur général d'Algérie, il se plaignit à Charles de Gaulle des problèmes que lui causait cette nomination.

— Tous mes amis me reprochent d'endosser votre politique en Algérie, déclara Soustelle.

— Changez vos amis, répondit de Gaulle.

En 1960, durant la crise d'Algérie, le philosophe Jean-Paul Sartre exhorta les troupes françaises à déserter.

— Mon général, demanda un militaire, pourquoi ne faites-vous pas arrêter Sartre pour sédition?

— Un général n'arrête pas Voltaire, répliqua de Gaulle.

Au plus fort d'une des crises qui marquèrent sa carrière politique, de Gaulle s'exclama un jour, en proie à la frustration...

— Comment voulez-vous gouverner un pays qui compte plus de trois cent cinquante sortes de fromage?

Un diplomate britannique de retours d'un récent voyage en France où il avait, entre autres endroits, visité la résidence du général de Gaulle, à Colombey-les-deux-Églises, une secrétaire lui demanda:

— Pourquoi les deux Églises?

— L'autre est pour le bon Dieu, j'imagine…

GAULLE, Yvonne de (Madame Charles) (1900-1979)

Un jour, au cours d'un dîner d'État, l'épouse de l'ambassadeur américain en France se trouvait aux côtés du général de Gaulle. Séduite par sa conversation, elle s'exclama:

— Monsieur le Président, mon seul regret c'est que nous ne soyons pas, vous et moi, vingt ans plus jeunes…

Madame de Gaulle, qu'on appelait affectueusement «Tante Yvonne», suivait d'une oreille discrète la conversation. Elle répliqua aussitôt à l'Américaine flirteuse:

— Bien sûr. Mais puis-je vous rappeler que, moi aussi, Madame, j'aurais vingt ans de moins…

GAUTHIER, Jean-Jacques (1860-1928)

Un auteur dramatique se plaignait un jour à Jean-Jacques Gauthier, célèbre critique de théâtre parisien, de cette conspiration du silence dont il était victime.

— Vous ne parlez jamais de mes pièces, dit l'auteur, pourquoi?

— C'est parce que je n'arriverai jamais à écrire tout le bien que vous pensez de vous-même, riposta Gauthier.

GAUTIER, Théophile (1811-1872)

Sentant sa fin prochaine, Théophile Gautier cherchait à s'attirer un peu de compassion. Il s'en ouvrit à un journaliste. Ce dernier tenta de le rassurer:

— Vous êtes solide comme un chêne, vous ne pensez pas à une mort prochaine...

— Si, pour le tronc, ça va, mais c'est le gland qui m'inquiète... rétorqua le poète.

G

GENLIS, Stéphanie Félicité, comtesse de (1746-1830)

Une très jolie femme, de peu d'esprit, se plaignait à Madame de Genlis d'être obsédée par les hommages de ses nombreux admirateurs.

— Il vous est pourtant bien facile de les éloigner, repartit Madame de Genlis. Il vous suffit de parler…

GEOFFRIN, Martie-Thérèse Rodet (1699-1777)

La maîtresse de Voltaire retourna, pour un temps, auprès de son mari. Quelqu'un demanda à Madame Geoffrin, femme du monde et amie des philosophes du XVIIIe siècle:

— Quelle fantaisie a donc pris Madame du Châtelet de revoir tout à coup son mari alors qu'elle en est séparée depuis dix ans?

— Vous verrez que c'est une idée de femme enceinte! répondit Madame Geoffrin.

GEORGE III, roi de Grande-Bretagne et d'Irlande (1760-1820)

Le roi s'adressa à un jeune garçon qui s'affairait dans les écuries du château de Windsor.

— Que fais-tu ici? demanda le roi.

— J'aide un peu tout le monde.

— Et combien es-tu payé?

— On me fournit seulement la nourriture, le logement et mes vêtements de travail.

— Tu sais, moi, c'est la même chose.

GEORGE-BROWN, baron Alfred (1914-   )

Le baron George-Brown, homme d'État britannique, était reconnu pour avoir un penchant marqué pour la bouteille. Un soir, alors qu'il était complètement ivre, il présida une réception officielle. Lorsque l'orchestre se mit à jouer, il crut de son devoir d'ouvrir la danse. Il s'approcha d'une personne vêtue d'une robe écarlate et lui dit:

— Jolie Madame, vêtue de rouge, me feriez-vous l'honneur de valser avec moi?

— Sûrement pas! fut la réponse. Premièrement, vous êtes complètement ivre; deuxièmement, ce n'est pas une valse, mais l'hymne national du Venezuela et, troisièmement, je ne suis pas une jolie dame vêtue de rouge, mais le nonce apostolique!

GERSHWIN, George (1898-1937)

Le compositeur américain fut durant plusieurs mois entre les mains d'un psychanalyste bien connu. Son ami, Oscar Levant, voulut savoir quel effet l'analyse avait eu sur son état de santé.

— Est-ce que cela a aidé à résoudre ton problème de constipation?

— Non, mais je comprends maintenant pourquoi j'en souffrais.

GIBBON, Edward (1737-1794)

*L'auteur de l'*Histoire de la décadence et de la chute de l'Empire romain *faisait la cour à Lady Elizabeth Foster. Un médecin français courtisait la même dame. Lorsque le praticien surprit Gibbon en conversation avec la dame, la rivalité explosa:*

— Quand Milady Elizabeth Foster tombera malade à cause de vos fadaises, dit le médecin, je la guérirai!

— Et quand Milady Elizabeth décédera à cause de vos ordonnances, répliqua l'historien, je l'immortaliserai!

GIRAUDOUX, Jean (1882-1944)

Peu de temps avant la Première Guerre mondiale, alors qu'il était ministre français de l'Information, l'écrivain Jean Giraudoux assistait à une conférence internationale sur le chômage. Après un long débat, un des participants se leva et dit:

— Si la situation ne s'améliore pas d'ici un an, nous serons tous dans la rue en train de demander la charité...

— Demander la charité? répliqua Giraudoux, moi, je veux bien... mais à qui?

GLADSTONE, William Ewart
(1809-1898)

William Gladstone trouva chez un antiquaire de Londres une magnifique peinture montrant un aristocrate du XVIIe siècle. Mais le tableau était trop cher pour ses moyens.

G

Peu de temps après, en visite chez un riche marchand de Londres, Gladstone aperçut le tableau. Son hôte s'approcha et dit au Premier ministre:

— Vous l'aimez? C'est le portrait d'un de mes ancêtres, un ministre à la Cour d'Elizabeth Première...

— Quel dommage! répliqua Gladstone, pour dix livres sterling de moins, il aurait pu être un de mes ancêtres...

GLADSTONE, madame William

Lors d'une réception qui avait lieu chez elle, l'épouse du Premier ministre britannique, Madame William Gladstone, s'engagea dans une orageuse discussion au sujet de l'interprétation d'un passage de la Bible. Comme l'atmosphère devenait tendue, un membre du clergé coupa court à la discussion.

— Écoutez! dit-il en prenant le ciel à témoin, il y a quelqu'un en haut qui connaît toutes ces choses...

— En effet, ajouta Madame Gladstone, mon mari va descendre dans quelques minutes.

GODARD, Jean-Luc (1930-)

Au cours d'un symposium sur le cinéma, le cinéaste Georges Franju exposa avec assurance sa vision d'un bon film.

G

— Un film doit avoir un début, un milieu et une fin.

— Certainement, dit Godard, mais pas nécessairement dans cet ordre.

GOLDWYN, Samuel (1882-1974)

Le metteur en scène américain, William Wyler, tenta en vain d'expliquer une scène du film qu'il tournait au producteur, Samuel Goldwyn, qui ne semblait pas comprendre. Exaspéré, Wyler s'adressa finalement au jeune fils de Goldwyn, âgé de douze ans.

— Est-ce que tu comprends, toi, Sammy ce que je veux dire?

— Bien sûr, répliqua le jeune garçon, pour moi, c'est très clair.

— Eh bien! répliqua Goldwyn, depuis quand faisons-nous des films pour les enfants.

Samuel Goldwyn insistait pour acheter les droits de film d'un roman fort controversé à l'époque. Un de ses collaborateurs lui conseilla de n'en rien faire.

— Nous ne pourrons jamais filmer cette histoire... dit-il, c'est l'aventure intime de deux lesbiennes...

— C'est bien simple, répondit Goldwyn, partout où il est question de lesbiennes, nous les remplacerons par des Autrichiennes.

GONTAUT-BIRON, Armand Élie, vicomte de (1851-1924)

Le jeune vicomte de Gontaut-Biron, un des habitués du restaurant chez Maxim's, à Paris, et très recherché dans la haute société parisienne, avait une façon plutôt impertinente de refuser une invitation à dîner. Il envoyait un télégramme de six mots qui se lisait comme suit:

— Impossible de venir. Mensonge suit par lettre.

En revanche, lorsqu'il acceptait une invitation à dîner, mais que par malheur l'hôtesse avait la malencontreuse idée de lui assigner à table une place qui ne lui plaisait pas, il ripostait en ajoutant:

— Dites-moi,... est-ce qu'on a droit à tous les plats, à la place où vous m'avez mis?

GRANT, Ulysses Simpson (1822-1885)

Peu soigné de sa personne, et souvent mal habillé, Ulysses Grant, le 18ᵉ président américain, ne faisait pas très bonne impression. Par une nuit de tempête, il entra dans un hôtel d'une petite ville de l'Illinois. Un groupe d'avocats, réunis en congrès dans cette ville, étaient assis autour d'un feu de foyer. L'un d'eux se leva et dit:

— Chers confrères, à voir l'allure de cet étranger, il a sûrement dû s'arrêter en enfer avant de venir ici…

— C'est exact! répliqua Grant.

— Et comment est-ce en enfer? demanda l'avocat.

— La même chose qu'ici: beaucoup d'avocats… et tous installés le plus près possible du feu!

GRÉGOIRE XVI (1765-1846)

Tout le monde reconnaît que le pape Jean XXIII aimait faire des blagues. Mais sait-on que le pape Grégoire XVI pouvait se montrer espiègle dans ses ripostes? Un jour, accompagné de l'un de ses cardinaux, le pape aperçut une jolie princesse romaine sous sa fenêtre. Elle affichait un décolleté plantureux orné d'une brillante croix d'or. Le cardinal ne put s'empêcher de demander au pape:

G

— Sa Sainteté a-t-elle remarqué la magnifique croix de la princesse?

— Le calvaire est encore plus beau que la croix... répliqua le Saint-Père.

GUILBERT, William (1866-1930)

Peu de temps après la mort d'un grand compositeur anglais, quelqu'un qui n'était pas au courant de la nouvelle demanda à l'humoriste et écrivain britannique, sir William Guilbert, à quoi travaillait actuellement le maestro.

— Il ne fait absolument rien, répondit Guilbert.

— Il doit sûrement être en train de composer… insista son interlocuteur.

— Au contraire, dit Guilbert, il est en train de se décomposer.

GUITRY, Lucien (1860-1925)

*Un ami qui devait accompagner Lucien Guitry
au théâtre était en retard et rejoignit le comédien
au foyer, durant l'entracte.*

G

— C'est dommage! J'ai raté le premier acte....

— Ne vous tourmentez pas, dit Guitry, l'auteur
aussi.

GUITRY, Sacha (1885-1957)

Sacha Guitry assistait à une réception en tenue de soirée lorsqu'un grossier personnage le prit pour un maître d'hôtel et lui demanda un renseignement.

— Pardon, mon ami, pouvez-vous m'indiquer les toilettes?

— Prenez cette direction, dit Guitry, suivez le couloir, tournez à droite. Vous verrez une porte où il est écrit: «Gentlemen». Alors, vous entrez quand même.

Un journaliste audacieux osa un jour demander à Sacha Guitry ce qu'il pensait de la supériorité des femmes.

— Vous qui avez connu et aimé tant de femmes, ne croyez-vous pas qu'elles nous sont supérieures?

— Je conviendrais volontiers, dit Guitry, qu'elles nous sont supérieures si elles cessaient de se prétendre nos égales.

Sous le sceau de la confidence, un ami avoua un jour à Sacha Guitry:

— Tu ne peux pas savoir, X... est devenu l'amant de ma femme... le salaud!

— La meilleure façon de se venger d'un homme qui vous a pris votre femme, lui conseilla Guitry, c'est de la lui laisser.

Faisant allusion à une amie commune, une dame dit à Sacha Guitry:

— Pourtant, c'était une femme très bien, je ne comprends pas ce qui lui arrive...

— Je la connais aussi, dit Guitry. C'était une femme très vertueuse. Mais voilà! Elle a eu le malheur d'épouser un pauvre cocu. Maintenant, que voulez-vous? Elle couche avec tout le monde.

Une dame qui se refusait à admettre que toutes les femmes étaient légères, déclara à Sacha Guitry:

— Il y a tout de même des femmes qui ne trompent pas leur mari...

— Moi, je connais seulement deux sortes de femmes, dit Guitry: celles qui trompent leur mari et celles qui disent que ce n'est pas vrai.

Il y a des natures incapables de supporter long-temps la vie à deux! À un jeune homme qui s'apprêtait, malgré tout, à se marier, Sacha Guitry donna ce conseil:

— Choisis donc une jolie femme si tu veux qu'un jour quelqu'un t'en débarrasse...

Il pouvait facilement adapter ce conseil aux femmes en leur suggérant d'épouser, quant à elles, un homme riche!

Guitry était reconnu comme un avide collection-neur. Il tint une exposition où figuraient ses trésors. Un visiteur lui fit remarquer:

— Superbe exposition, monsieur Guitry, mais il y manque la collection de vos épouses.

— Cher monsieur, répondit Guitry, bien que les femmes soient très faciles à collectionner, elles sont aussi les plus difficiles à conser-

ver à cause du nombre incalculable de col-
lectionneurs…

*Une femme mariée depuis longtemps mais mal-
heureuse confia à Sacha Guitry:*

— Je crois que le mariage, à la longue, finit par
tuer l'amour…

— Deux personnes mariées peuvent fort bien
s'aimer pendant très longtemps… répliqua
Guitry, à condition de n'être pas mariées
ensemble…

*Sacha Guitry pratiquait le baisemain avec
aisance mais aussi avec insistance. Ses amis
souvent lui reprochaient cette habitude dépas-
sée et, à la fin, agaçante. À cet égard, Guitry
répondait:*

— Je suis en faveur de la coutume qui veut
qu'un homme baise la main d'une femme la
première fois qu'il la voit. Il faut bien commencer par un endroit quelconque…

Un jour quelqu'un demanda à Sacha Guitry:

— Qui a été, pour vous, le plus grand musicien?

— Beethoven, répondit Guitry.

— Mais vous oubliez Mozart? répliqua la personne, plutôt étonnée.

— Ah! Mozart... lui, c'est le seul! ajouta Guitry.

GUITRY, Sacha et Lucien

Au temps où les deux Guitry, Lucien le père et Sacha le fils jouaient au théâtre de la Porte Saint-Martin, Lucien reçut dans sa loge le directeur dudit théâtre.

G

— Maître, lui dit-il, votre fils Sacha a eu à mon égard des propos affreux. Il m'a dit: «Je n'irai pas à votre enterrement!»

— Ah! Ce n'est pas gentil, répondit Lucien Guitry... Mais rassurez-vous, je me ferai un plaisir d'être là.

HAMMARSKJÖLD, Dag (1905-1961)

Alors qu'il était secrétaire général des Nations Unies dans les années soixante, Dag Hammarskjöld reçut, un jour, la visite d'un diplomate en poste à l'ONU. L'homme tentait, par tous les moyens, de retenir l'attention du haut fonctionnaire.

— J'aimerais pouvoir vous expliquer que...

— Inutile! coupa Hammarskjöld. Il ne faut jamais donner d'explications à quiconque. Vos véritables amis s'en passent et vos ennemis n'y croient pas!

HENRI IV (1553-1610)

Le roi de France Henri IV, que l'on surnommait le Vert galant, fut séduit par la beauté d'une dame de la cour. Il s'approcha d'elle et lui glissa à l'oreille:

— Indiquez-moi, Madame, le chemin le plus court pour arriver dans votre lit…

— Tout simplement, répondit la dame, en faisant un petit détour par l'église…

HERFORD, Oliver (1863-1935)

Un jour, Oliver Herford, humoriste et écrivain américain, voyageait en autobus avec son jeune neveu assis sur ses genoux. Une jeune blonde monta à bord et dut rester debout tellement l'autobus était bondé.

Herford jeta un regard d'admiration vers la jeune femme et dit à son neveu:

— Mon petit, voudrais-tu te lever et donner ta place à la dame?

HOPE, Bob (1903-)

Le comédien Bob Hope aimait bien taquiner son ami le chanteur Bing Crosby sur la fortune que ce dernier avait amassée au cours de sa carrière. Un jour, devant le gratin d'Hollywood, il présenta le chanteur en ces termes:

— Savez-vous que ce salaud ne paie pas d'impôts? dit Bob Hope. Il se contente de téléphoner tous les ans au ministre des Finances. Il lui demande: «Combien vous manque-t-il exactement pour équilibrer le budget? Parfait… je vous envoie le chèque!»

JEANSON, Henri (1900-1970)

L'écrivain français Henri Jeanson était reconnu pour ses mots d'esprit à la fois mordants et cruels. Quelqu'un lui reprocha son manque de bienveillance.

— Pourquoi as-tu dit du mal d'Untel? Il ne t'avait rien fait...

— Eh bien! répliqua Jeanson, il faut bien que quelqu'un commence!

Un soir de première, au sortir de la représentation d'un film, un collègue s'approche d'Henri Jeanson et lui dit:

— C'est vraiment un très mauvais film.

— Mon pauvre vieux! répliqua Jeanson, c'est une histoire écrite par un idiot et tournée par des saboteurs sous la direction d'un imbécile, pour le compte d'un producteur vraisemblablement en fuite.

Au cours d'une conversation, quelqu'un aborda la question d'un hebdo à potins reconnu pour

son mauvais goût et que Jeanson ne prisait guère.

— Vous avez lu le dernier numéro de cet hebdo? demanda quelqu'un en brandissant la feuille de chou.

— Vous voulez parler de cette feuille que je parcours toutes les semaines d'un derrière distrait? répliqua Jeanson.

J

JOUVET, Louis (1887-1951)

La maîtresse de Jouvet pensait depuis long-
temps au mariage. Elle choisit un moment où
l'acteur était de bonne humeur pour lui dire:

— Louis, nous pourrions peut-être nous
marier. Qu'en penses-tu?

— Nous marier, nous? Avec qui? Tu as vu les
gueules qu'on a?

KARR, Alphonse (1808-1890)

À quelqu'un qui lui reprochait son célibat, Alphonse Karr, écrivain et pamphlétaire français du XIXe siècle, riposta en ces termes:

— Le luxe des femmes a pris de telles proportions qu'il faut être bien riche, bien amoureux, pour en avoir une à soi. Il n'y a plus moyen que d'aimer les femmes des autres...

K

KLEIN, Charles (1867-1915)

L'auteur dramatique américain Charles Klein écrivit une pièce qui se révéla un véritable four. Un jour qu'il assistait à cette pièce, une jeune femme assise derrière lui l'interpella, à la tombée du rideau, et lui dit:

— Avant la levée du rideau, je me suis permise de couper une mèche de vos cheveux. Maintenant que j'ai assisté à votre pièce, puis-je la remettre où je l'ai prise?

K

LABICHE, Eugène (1815-1888)

Une jeune actrice se plaignait à Labiche, auteur de boulevard, de la mesquinerie du directeur qui refusait de la payer convenablement pour les rôles de second plan qu'elle interprétait. Labiche l'écoutait en souriant.

— Voyons, mon cher maître, s'exclama-t-elle tout à coup, est-ce que je ne vaux pas au moins cinq louis par soirée?

— Oh si, fit Labiche... mais après le spectacle...

L

LA FONTAINE, Jean de (1621-1695)

Le célèbre fabuliste La Fontaine fut surpris, une nuit, dans la chambre de sa maîtresse, Madame de La Sablière, par le mari trompé.

— Monsieur, dit le mari, je ne sais pas ce qui me retient de vous jeter par la fenêtre...

L

— Pourquoi pas? répliqua La Fontaine, je peux bien descendre par où je suis monté si souvent...

LA MEILLERAYE, Charles de la Porte, duc de (1602-1664)

Le cousin germain de Richelieu, le valeureux maréchal de La Meilleraye, rabattit la superbe d'un militaire plutôt vantard.

— Sachez, Monsieur, dit l'homme, que si je ne suis pas maréchal de France, je suis du bois dont on les fait…

— Vous avez raison. Et quand on les fera en bois, vous y pourrez prétendre.

L

LÉAUTAUD, Paul (1872-1956)

Une jeune étudiante sortait d'un hôpital lorsqu'elle lança à Léautaud:

— Quelle tristesse de voir tous ces gens mourir!

— Ça nous console de tous ceux qu'on voit vivre…

L

LENCLOS, Anne, dite Ninon de (1616-1706)

Au moment d'inscrire son fils au collège des Jésuites, la grande amoureuse Ninon de Lenclos fit la recommandation suivante au principal:

— Mon Père, je vous prie surtout de lui inspirer de la religion, car mon fils n'est pas assez riche pour s'en passer…

L

LESAGE, Alain René (1668-1747)

Le romancier Lesage arrivant un jour en retard chez la duchesse de Bouillon, à qui il devait lire «Turcaret», une de ses œuvres, celle-ci lui fit remarquer:

— Vous m'avez fait perdre une heure à vous attendre!

— Eh bien! madame, je vais vous en faire gagner deux, dit Lesage en se retirant.

Et il sortit.

L

LOMBARDO, Guy (1902-1977)

Les concerts pop et les soirées dansantes où jouaient Guy Lombardo et ses Royal Canadians *étaient souvent retransmis à la radio. À l'issue de l'une de ces soirées, Lombardo appela ses parents.*

— Je t'ai entendu à la radio, dit son père.

— As-tu aimé ça?

— Oui, c'était bien

— Seulement bien? Ne penses-tu pas que nous avons été formidables?

— Si tu cherches des compliments, je vais te passer ta mère, enchaîna le paternel.

L

LOUVOIS, François Michel Le Tellier, marquis de (1639-1691)

Après une vie tumultueuse, le marquis contracta mariage. À la fin de la cérémonie, son épouse critiqua sa vie de célibataire dissipé et le prévint:

— J'espère vous voir mener dorénavant une vie rangée…

L

— Rassurez-vous, Madame, répliqua le marquis, je vous jure que je viens de commettre ma dernière sottise…

MARX, Groucho (1895-1977)

Au cours d'une réception, Groucho Marx s'approcha d'une jolie dame et lui dit:

— C'est curieux comme l'alcool vous rend belle…

— Mais je ne bois pas, répondit l'évanescente créature.

— Alors, je dois avouer que j'ai beaucoup bu ce soir, répliqua l'acteur comique.

M

MIRANDE, Yves (1875-1957)

Un journaliste demanda à Yves Mirande, auteur à succès de pièces de boulevard:

— À quel signe reconnaît-on un homme qui a réussi?

— L'homme qui a réussi, répliqua Mirande, c'est celui qui peut gagner plus que sa femme dépense…

Yves Mirande éprouva toujours de sérieuses difficultés financières. Un ami lui demanda:

— Dans quel état sont tes affaires?

— À chaque fois que je crois enfin être arrivé à joindre les deux bouts, répondit Mirande, un mauvais plaisant arrive et… déplace un des bouts.

Après de multiples aventures amoureuses, une jeune comédienne confia à Yves Mirande:

— Je cherche un mari…

— Tu ferais mieux de chercher un célibataire, lui répliqua Mirande.

MONSELET, Charles (1825-1888)

L'écrivain Sainte-Beuve demanda un jour au gastronome français Charles Monselet s'il lui serait agréable d'avoir la Légion d'honneur.

— Monsieur, je l'ai longuement et vivement désirée, répondit Monselet, mais plus maintenant…

— Pourquoi donc? demanda Sainte-Beuve.

— Parce que, maintenant, je la mérite.

M

MONTEUX, Pierre (1875-1964)

*Le chef d'orchestre français Pierre Monteux diri-
gea plusieurs orchestres en Europe et aux États-
Unis. Au cours d'une interview à la BBC, à
l'occasion de son 89ᵉ anniversaire, on lui
demanda:*

— Quels sont aujourd'hui les plaisirs de la
   vie dont vous êtes encore en mesure de
   profiter?

— Je continue d'avoir deux passions, répondit-il. L'une d'entre elles, c'est mon modèle
   réduit de chemin de fer électrique, l'autre,
   ce sont les femmes. Mais à l'âge de quatre-
   vingt-neuf ans, je commence à réaliser que
   je suis un peu trop vieux pour m'amuser
   avec mon chemin de fer électrique...

MONTHERLANT, Henri de (1895-1972)

Une dame demanda à Montherlant:

— À votre avis, les hommes intelligents font-ils de bons maris?

— Madame, répondit l'auteur des *Jeunes Filles*, les hommes intelligents ne se marient pas.

M

MOZART, Wolfgang Amadeus
(1756-1791)

En plus d'être un génie, Mozart se révéla un enfant prodige. Un très jeune homme s'adressa à lui pour lui demander son avis sur la façon de composer une symphonie. Mozart lui fit remarquer qu'il était bien jeune et qu'il serait préférable qu'il commençât par composer des ballades.

— Mais vous, dit le jeune homme, vous avez écrit une symphonie alors que vous n'aviez que dix ans…

— Sans doute, répliqua Mozart, mais je n'ai jamais demandé à quelqu'un comment faire…

M

MUGNIER, abbé Arthur (1853-1944)

Ami de Marcel Proust, il se fit remarquer dans la haute société française. Une actrice grassouillette et reconnue pour sa vanité avoua un jour à l'abbé qu'elle prenait grand plaisir à admirer son corps nu dans le miroir.

— Dites-moi, l'abbé, est-ce péché?

— Non, Madame, c'est une erreur.

Au cours d'une réunion mondaine, l'abbé Mugnier prenait place aux côtés d'une très jolie dame. Un plaisantin le défia.

— Oseriez-vous donner un baiser à la dame?

— Certainement pas, répliqua l'abbé, elle n'est pas encore une relique…

M

NORMAND, Jacques (1922-1999)

Un soir, au Saint-Germain-des-Prés, un café réputé à Montréal dans les années cinquante, un couple arrive au beau milieu du spectacle du fantaisiste Jacques Normand. Celui-ci s'arrête un moment et les regarde prendre place.

— Ma foi, vous arrivez de la campagne... C'est vrai que traire les vaches, faire le train, ça peut vous mettre en retard. On dirait que vous avez fait tous les bars de la ville avant d'échouer ici... et maintenant vous dérangez tout le monde!

Pendant que la salle rigole, le retardataire, mal à l'aise, se lève et se dirige vers les toilettes.

— En plus, dit Normand, il va boire ailleurs et il vient pisser ici!

Au soir de l'élection provinciale québécoise de 1956, les libéraux de Georges-Émile Lapalme avaient bien peu de chance de détrôner l'Union nationale de Maurice Duplessis. Toutefois, un fervent libéral, fort de son optimisme, confia à Jacques Normand:

— Je te jure que ce soir madame Lapalme va coucher avec le Premier ministre!

— Dis-moi, répliqua Normand, est-ce que Duplessis va venir à Montréal ou est-ce que Madame Lapalme sera obligée de se rendre à Québec?

✖

Dans les années cinquante, il était coutume pour les dames de porter des chapeaux, dont certains plus ou moins excentriques. Jacques Normand prenait plaisir à se moquer du bibi de ses clientes au Saint-Germain-des-Prés, son café de la rue Saint-Urbain, à Montréal:

— Franchement! disait Normand, vous n'avez pas honte de porter une horreur semblable? Vous avez mis combien de temps pour faire cuire une tarte pareille?

Puis, s'adressant à une voisine:

— À votre place je ne rirais pas... Vous avez vu le vôtre? On dirait une cage à singe!

Feignant de s'excuser, Normand ajoutait:

— Au fond, Mesdames, si vos chapeaux étaient affreux, vous savez bien que je n'en parlerais pas... Voyez celui de la dame derrière vous... je n'en ai pas parlé!

PAGNOL, Marcel (1895-1974)

Un jour, un ami confia à l'écrivain français Marcel Pagnol:

— J'ai rompu avec ma maîtresse depuis moins d'une semaine, et voilà qu'elle me cause toutes sortes d'ennuis…

— On ne réalise vraiment qu'une femme contient de la dynamite que le jour où on la laisse tomber, répliqua Pagnol.

P

PICASSO, Pablo (1881-1973)

Le cubisme dérouta bien des amateurs d'art et Picasso fut contraint, en diverses occasions, de trouver une riposte appropriée aux circonstances. Un amateur de peinture confessa au maître:

— Je ne comprends rien à votre peinture.

— Le chinois, vous le comprenez?

— Non, je ne comprends pas le chinois!

— La peinture c'est comme le chinois, il faut se donner la peine de l'apprendre pour la comprendre.

P

PIRON, Alexis (1689-1773)

Piron, un auteur français du XVIIIe siècle, reçut un jour les confidences et les espoirs d'un collègue dont l'œuvre entière était reconnue pour sa médiocrité.

Il confessa à Piron:

— Je voudrais faire un ouvrage auquel personne n'aurait jamais travaillé et ne travaillera jamais.

— Faites votre éloge! répliqua Piron.

P

RACHEL, Élisabeth (1821-1858)

La célèbre tragédienne Rachel désirant avoir Alexandre Dumas à déjeuner lui adressa le mot suivant:

«Mon cher ami,

Venez demain déjeuner avec moi. Vous ne vous amuserez certes pas beaucoup, parce que je n'ai pas d'esprit, mais votre visite me permettra d'en avoir le lendemain, car j'ai beaucoup de mémoire.»

R

REGER, Max (1873-1916)

Le compositeur allemand, Max Reger, après avoir lu une critique très sévère qu'on venait de publier à son sujet, écrivit ces quelques mots au journaliste:

— Je suis à ce moment précis assis dans la plus petite pièce de la maison et j'ai devant moi la critique que vous avez écrite... Dans quelques instants, elle sera derrière moi.

R

RICHELIEU, cardinal de (1585-1642)

L'ordre du Saint-Esprit, destiné à récompenser le mérite, était une distinction honorifique très recherchée à la Cour. Un prétentieux courtisan qui ne s'était jamais distingué sur les champs de bataille osa demander à Richelieu d'intervenir en sa faveur.

— Avez-vous servi sous Henri IV? demanda le cardinal.

— Non, Monseigneur.

— Et sous Louis XIII?

— Non plus, Monseigneur.

— Vraiment, Monsieur, je m'étonne que n'ayant servi ni le père ni le fils vous prétendiez au Saint-Esprit...

R

RIVAROL, Antoine, dit le comte de (1753-1801)

Dans un salon où la conversation languissait, l'homme de lettres Rivarol s'était assoupi. Quelqu'un s'en aperçut:

— Laissons dormir Monsieur de Rivarol... Ne parlons plus.

Alors Rivarol, soulevant une paupière, ajouta:

— Si vous ne parlez plus, comment voulez-vous que je dorme?

R

Vers la fin de sa vie, Rivarol se retira de la vie mondaine et devint plus solitaire.

Quelqu'un lui demanda:

— Pourquoi ne vous voit-on plus dans le monde?

— C'est que, voyez-vous, je n'aime plus les femmes et je connais trop les hommes.

Alors qu'il venait d'avoir un accrochage verbal avec un collègue, Rivarol ne semblait pas particulièrement disposé à accepter des excuses:

— Écoutez, mes mots ont dépassé ma pensée!

— Ils n'ont pas dû aller bien loin… riposta Rivarol.

Rivarol se disputait avec Sieyès, ancien abbé et politicien tortueux qui se distingua durant la Révolution et le Directoire:

— Je vais vous dire ma façon de penser… dit un jour Sieyès.

— Épargnez-moi votre façon, répliqua Rivarol, et dites-moi votre pensée.

R

ROCHEFORT, Henri (1831-1913)

Le polémiste français, Henri Rochefort, fut arrêté dans une manifestation et inculpé de tentative d'homicide involontaire parce qu'il portait sur lui un revolver.

— Si vous aviez cette arme, lui dit le juge, c'était pour l'utiliser...

— Pas forcément, Monsieur le juge. Tenez, j'ai sur moi en ce moment tout ce qu'il faut pour commettre un attentat à la pudeur... et l'idée ne m'effleure même pas de m'en servir.

R

ROGERS, Will (1879-1935)

Peu de temps après la première guerre mondiale, un collègue du comédien américain Will Rogers réfléchissait tout haut sur les malheurs de la guerre.

— Mon pauvre ami, remarqua-t-il, les cinq années que nous venons de vivre sont une preuve que l'homme civilisé n'a pas progressé...

— Au contraire, répliqua Rogers, je trouve que les hommes de notre civilisation sont en plein progrès... Pour chaque guerre, ils trouvent une nouvelle façon de nous tuer...

R

ROSSINI, Gioacchino (1792-1868)

Au cours d'une répétition, on surprit Rossini en train d'essayer de déchiffrer une partition de Richard Wagner, qu'il n'aimait pas du tout. Un musicien jugea utile de le lui rappeler.

— Maître, vous tenez la partition à l'envers…

— J'ai essayé de l'autre côté, la musique est encore pire!

R

ROTHSCHILD, Nathan (1803-1879)

Sir Nathan Rothschild, de la branche londo-nienne de cette famille de banquiers, ne man-quait pas d'à propos. Un jour qu'il prit un taxi et laissa un pourboire anodin au chauffeur, celui-ci eut l'audace de lui en faire la remarque:

— Sauf votre respect, Monsieur Rothschild, votre fils m'a déjà donné de plus gros pourboires!

— Mais c'est normal, mon cher, il a un père qui a de l'argent, répliqua Rothschild.

R

ROUSSIN, André (1911-1987)

Quelqu'un de ses amis reprochait un jour à André Roussin, écrivain à succès, de se plaindre d'avoir à payer trop d'impôts.

— C'est la preuve que tu es riche; les pauvres ne payent pas d'impôt…

— Ce qui m'embête, répondit Roussin, c'est qu'avec mes impôts je fais vivre une dizaine de fonctionnaires. À la Belle Époque, les hommes riches se contentaient d'entretenir des danseuses. C'était tout de même plus amusant.

R

ROYER, président (1904-1997)

Au Palais de justice, le président Royer, du Tribunal de Paris, écoutait attentivement un inculpé repentant.

— J'avoue, Monsieur le juge, n'avoir pas vraiment réfléchi avant de commettre mon crime...

— Il le fallait, mon ami, lui répondit le juge Royer. Si l'homme a une tête, comme l'épingle, c'est pour l'empêcher d'aller trop loin...

R

RUBINSTEIN, Arthur (1887-1982)

Un journaliste demanda au célèbre pianiste Arthur Rubinstein.

— Dites-moi, Maître, craignez-vous la mort?

— Bien sûr que non, répondit Rubinstein. Je me suis habitué à la mort: un pianiste est un homme déguisé en croque-mort avec, constamment en face de lui, son piano qui ressemble à un corbillard...

R

SABATIER, Robert (1923-)

Un académicien se vantait haut et fort devant le romancier et poète Robert Sabatier.

— Désormais, je veux redoubler d'efforts pour la défense de notre belle langue française! affirma l'hôte du quai Conti.

— Ah! parfait! Alors, vous arrêtez d'écrire? demanda Sabatier.

S

SCHOLL, Aurélien (1833-1902)

Scholl fréquentait un cercle distingué où les membres brillaient généralement par leur présence. Quelqu'un souligna l'absence exceptionnelle d'un de ces membres.

— Il est, dit-on, à moitié gâteux...

— À moitié? Il va donc mieux!

S

SHAW, George Bernard (1856-1950)

L'écrivain anglais George Bernard Shaw, qui vécut jusqu'à l'âge de 94 ans, était un dévoué végétarien et avait une sainte horreur de l'exercice physique. Un amateur de gérontologie risqua, devant lui, cette observation:

— Le sport! Il n'y a que cela pour se garder en forme et vivre vieux.

— Moi, le seul sport que j'ai pratiqué, c'est la marche à pied… quand je suivais les enterrements de mes amis sportifs, répliqua Shaw.

S

Un journaliste demanda à George Bernard Shaw:

— Avec le sens moral qui se perd de plus en plus, croyez-vous que l'homme finira par ne plus avoir honte de ses méfaits?

— N'oubliez pas, répliqua Shaw, que l'homme est le seul animal qui rougisse. C'est d'ailleurs le seul animal qui ait à rougir de quelque chose.

Une dame se plaignit à George Bernard Shaw de la difficulté de vivre à deux.

— La cohabitation n'est pas facile. Chacun des conjoints rivalise d'égoïsme.

— Quand un homme et une femme sont mariés, ils ne deviennent plus qu'un, répondit Shaw; bien sûr, la première difficulté est de décider lequel...

Quelqu'un s'avisa de vouloir convertir George Bernard Shaw au catholicisme.

S

— Je suis certain, dit cette personne, que si vous décidiez de vous convertir, vous feriez un fervent catholique.

— Impossible! répliqua Shaw, il n'existe qu'une seule place de pape, et elle est déjà prise!

SHERIDAN, Philip (1831-1888)

Dans un discours qu'il prononçait à Fort Chark, au Texas, en 1855, le général Philip Sheridan lança sur un ton agacé:

— Si j'avais deux fermes, une en enfer et une au Texas, je louerais ma ferme au Texas et j'habiterais celle en enfer.

S

SHERIDAN, Richard (1751-1816)

Alors qu'il était en pleine conversation avec un ami, à Piccadilly Square, à Londres, l'écrivain irlandais Richard Sheridan fut interpellé par deux ducs de la maison royale d'Angleterre.

— J'imagine, dit l'un d'eux, que vous étiez en train de discuter à savoir si vous êtes plus fou que méchant…

Et, prenant chaque côté de lui les ducs par le bras, Sheridan ajouta:

— Non. Je crois plutôt que je suis justement entre les deux…

❧

Un créancier harcelait sans succès l'écrivain irlandais Richard Sheridan.

— J'aimerais bien savoir quand vous allez me payer?

— Le jour du Jugement dernier, répondit Sheridan.

Puis après un moment d'hésitation, il ajouta:

— À bien y penser, cela risque d'être une journée très occupée… Disons le lendemain!

SHERIDAN, Tom

Tom Sheridan, le fils de l'écrivain irlandais Richard Sheridan, fit part à son père de son intention de devenir membre de la Chambre des Communes de Londres.

— Tu sais, dit le fils, tous ceux qu'on reconnaît comme de grands patriotes et qui siègent à la Chambre des Communes ne sont en réalité que de grands bandits. Pour ma part, quand j'entrerai au Parlement, je ne m'associerai à aucun parti politique. Je placerai sous mon nom une petite affiche sur laquelle j'écrirai «Député à louer».

— Et n'oublie pas, dit le père, d'ajouter en dessous «Non meublé».

S

SIBELIUS, Jean (1865-1957)

Le compositeur finlandais Sibelius invita à l'une de ses réceptions privées un groupe d'hommes d'affaires. Étonné, un ami lui demanda:

— Pourquoi as-tu invité autant d'hommes d'affaires?

— Pour parler musique, parce qu'avec d'autres musiciens nous ne parlons que d'argent... répliqua le compositeur.

S

SILVERMAN, Fred (1937-)

Quelques jours avant la fête du Yom Kippur, un ami demanda à Fred Silverman, un ex-président de CBS, s'il comptait aller à sa maison de campagne durant le prochain congé.

— Cette fête tombe quel jour de la semaine? demanda Silverman.

— Un mercredi.

— Comment, un mercredi? s'exclama Silverman. Qui a décidé de fixer Yom Kippur le même jour où *Charlie's Angels*[2] est à l'horaire.

S

---

[2] Émission populaire des années soixante-dix, qui passait sur les télés francophones sous le titre *Drôles de dames.*

SIMON, François, dit Michel
(1895-1975)

Quand Michel Simon, l'acteur français, se retrouvait à table à côté d'une dame, il avait mis au point un petit scénario qui lui évitait généralement de prolonger indûment la conversation tout au long de la soirée. D'abord, il commençait par demander:

— Madame ou Mademoiselle?

Quelle que fût la réponse, il ajoutait:

— Ah! et... vous avez des enfants?

S'il s'agissait d'une demoiselle, la conversation s'arrêtait là. Si c'était une dame mariée et qu'elle répondait oui, il enchaînait:

— Ah! et... de qui sont-ils?

Et si la dame répondait ne pas avoir d'enfant, il ajoutait d'un air intéressé:

— Ah! et... comment faites-vous?

SKELTON, Red (1913-1988)

Le producteur de cinéma américain Harry Cohn n'était pas, de son vivant, très aimé des artistes d'Hollywood. Le jour des funérailles de Cohn, un ami demanda à Red Skelton:

— Comment expliquer alors qu'il y ait tant de monde qui l'accompagne au cimetière?

— Cela prouve bien ce qu'il a toujours dit: «Donnez au public ce qu'il veut voir et vous verrez qu'il se déplacera en grand nombre.»

S

STRAVINSKI, Igor (1882-1971)

À l'âge de 57 ans, le compositeur russe Igor Stravinsky décida de devenir citoyen américain. Il rencontra un fonctionnaire qui lui demanda son nom. Il lui répondit en prononçant et en épelant distinctement chaque syllabe.

— I-gor Stra-vin-ski.

— Vous pouvez changer de nom, si vous le désirez, lui suggéra le rond-de-cuir.

S

STRINDBERG, August (1849-1912)

Un ami demanda un jour au dramaturge August Strindberg pourquoi il refusait de prendre un chien comme compagnon de ses vieux jours.

— J'ai très peu de respect pour ceux qui possèdent un chien. Ce sont des poltrons qui n'ont jamais eu le courage de mordre eux-mêmes leurs voisins...

S

SWIFT, Jonathan (1667-1745)

Au cours d'une réception, un jour un collègue du journaliste et écrivain anglais Jonathan Swift se plaignait d'avoir été écarté de la haute société de Londres.

— Même la cour, dit-il, s'est montrée fort injuste à mon égard.

— Dans la vie, répondit Swift, il faut savoir supporter les injustices jusqu'au moment où on peut en commettre soi-même…

S

TALLEYRAND, Charles Maurice
(1754-1838)

Talleyrand, dit «le Diable boiteux», fut un homme d'État français qui ne se laissait pas écraser par les scrupules. Il survécut à tous les régimes et se distingua par ses nombreux écarts à la morale. Un porte-parole de Napoléon vint lui faire part d'une nomination.

— J'ai l'honneur, Monsieur, de vous annoncer que vous avez été nommé vice Grand Électeur de l'Empire.

— C'était le seul vice qui me manquait… répliqua Talleyrand.

Talleyrand venait de quitter une dame de la Cour qui, malgré une minceur navrante, s'obstinait à porter un décolleté profond. Un ami s'approcha de Talleyrand et lui glissa à l'oreille:

— Quelle indécence! Ce décolleté est inconvenant.

— Je n'ai jamais vu, répondit Talleyrand, quelqu'un montrer autant et si peu laisser voir.

Madame de Staël voulait savoir si Talleyrand lui préférait une autre dame. Aussi demanda-t-elle au prince:

— Si nous tombions toutes les deux à la rivière, laquelle de nous deux sauveriez-vous d'abord?

— Je suis sûr, Madame, que vous nagez comme un ange… répondit Talleyrand.

Quelqu'un se précipita chez Talleyrand pour lui annoncer la mort de Napoléon.

Talleyrand ne broncha point et manifesta une profonde indifférence.

T

— Il y a dix ans, cela aurait été un événement, dit-il. Ce n'est plus maintenant qu'une nouvelle!

Le secrétaire de Talleyrand demanda à son maître, de retour d'un voyage dans le Nouveau Monde, ce qu'il pensait des États-Unis.

— C'est un drôle de pays… On compte 32 religions, mais il n'y a qu'un seul plat.

Lorsque Talleyrand préta serment à Louis-Philippe, Victor Hugo rapporta ses paroles:

— Sire, c'est mon treizième serment!

— Comment faites-vous, Prince, les régimes passent sans vous ébranler? demande Louis-Philippe.

— Je prie Votre Majesté de croire que je n'y suis pour rien. J'ai en moi quelque chose d'inexplicable qui porte malheur aux gouvernements qui me négligent!

Un jour, Napoléon apostropha Talleyrand en ces termes:

— Vous êtes de la merde dans un bas de soie…

— C'est vraiment dommage, répondit Talleyrand, qu'un si grand homme soit si mal élevé!

En plus d'avoir une très haute opinion de lui-même, l'écrivain français François René de Chateaubriand nourrissait les rubriques de l'époque de commentaires acerbes à l'endroit de ses contemporains. Il se créa ainsi de solides enne-

T

mis, dont Talleyrand. Un jour, quelqu'un dit à ce dernier:

— Savez-vous que Monsieur de Chateaubriand se plaint d'être dur d'oreille?

— Il croit qu'il est devenu sourd maintenant qu'il n'entend plus parler de lui, répliqua le Diable boiteux.

T

THATCHER, Margaret (1925-)

*Au temps de la guerre des Malouines, un brave
Anglais s'étonnait du courage et de la détermi-
nation de Madame Thatcher.*

— C'est incroyable! Qui aurait pu croire une
chose pareille, dit-il. C'est impossible! Je
me demande bien ce que Winston Churchill
aurait dit s'il avait été témoin d'un tel fait
d'arme…

La Dame de fer répondit:

— Eh bien! Churchill aurait tout simplement
repris cette phrase qu'il eut, un jour, dans
des circonstances analogues: «Tout le
monde savait que c'était impossible à faire
puis, un jour, une femme est venue qui ne le
savait pas. Et elle l'a fait!»

T

THERRIEN, David (1971-)

Un jeune homme à l'esprit vif, œuvrant dans le domaine des communications, fut interpellé par un collègue au sourire moqueur:

— Ton père est fonctionnaire, me dit-on.

— En effet.

— Qu'est-ce qu'il fait au juste de ses journées?

— Il évite de regarder par la fenêtre, le matin, de crainte de n'avoir rien à faire l'après-midi, répliqua-t-il.

T

THURBER, James Grover (1894-1961)

Une dame tenta sans succès de convaincre le caricaturiste et humoriste américain James Thurber que les hommes étaient tous des poltrons:

— En tous les cas, les hommes sont loin d'être courageux… affirma la dame.

— Bien sûr, répliqua Thurber, sur le plan du courage, l'homme n'est pas un lion. Mais je voudrais savoir quel serait le comportement d'un lion si on lui ôtait sa crinière et qu'on la remplaçait par un complet-veston à trois boutons…

T

TORRES, Henry (1891-1966)

En quittant le palais de justice de Paris, à la suite d'un procès, un journaliste demanda au célèbre avocat français, Henry Torres:

— Comment avez-vous apprécié la plaidoirie de votre confrère de la partie adverse?

— Sa plaidoirie? répliqua Torres. Elle ressemblait à l'épée de Charlemagne... plate, longue et mortelle.

T

TOULOUSE-LAUTREC, Henri Marie Raymond de (1864-1901)

De constitution chétive, le peintre Toulouse-Lautrec était toujours flanqué de son cousin et garde du corps Tapie de Celeyran, un grand escogriffe qui pratiquait la boxe française. Un jour, un voyou chercha à s'en prendre au peintre. Celui-ci répliqua:

— Si vous insistez, je vous flanque la main de monsieur en pleine figure!

VERLAINE, Paul (1844-1896)

Dans un café, Paul Verlaine fouillait dans ses poches et dans son porte-monnaie. Le patron lui demanda:

— Vous avec perdu quelque chose, Monsieur Verlaine?

— Non, je regarde simplement si j'ai encore soif.

V

VOISENON, Claude Henri de Fuzée, abbé de (1708-1775)

Grand ami de Voltaire, l'abbé de Voisenon avait oublié l'invitation à dîner du prince de Conti. Celui-ci s'en montra fort mécontent. Comme l'abbé venait s'en excuser, le prince lui tourna le dos. Voisenon répliqua à sa manière:

— On m'avait dit que vous m'en vouliez. Mais je vois que c'est le contraire... Votre Altesse me tourne le dos. Ce n'est pas son usage d'agir ainsi devant ses ennemis.

V

VOLTAIRE, François Marie Arouet, dit (1694-1778)

Quelqu'un demanda à Voltaire pourquoi il refusait de donner un peu d'argent à des œuvres de charité.

— Parce que celui qui donne de l'argent à des œuvres de charité sait très bien, au fond de lui, qu'il renonce à des biens qui ne lui ont jamais vraiment appartenu en toute honnêteté, répondit Voltaire.

Au cours d'une conversation portant sur la religion, le peuple et les clercs, quelqu'un fit remarquer à Voltaire que le peuple devenait de moins en moins religieux. Pensivement Voltaire répondit:

— Comme cela est fâcheux, car de quoi nous moquerons-nous à l'avenir?

V